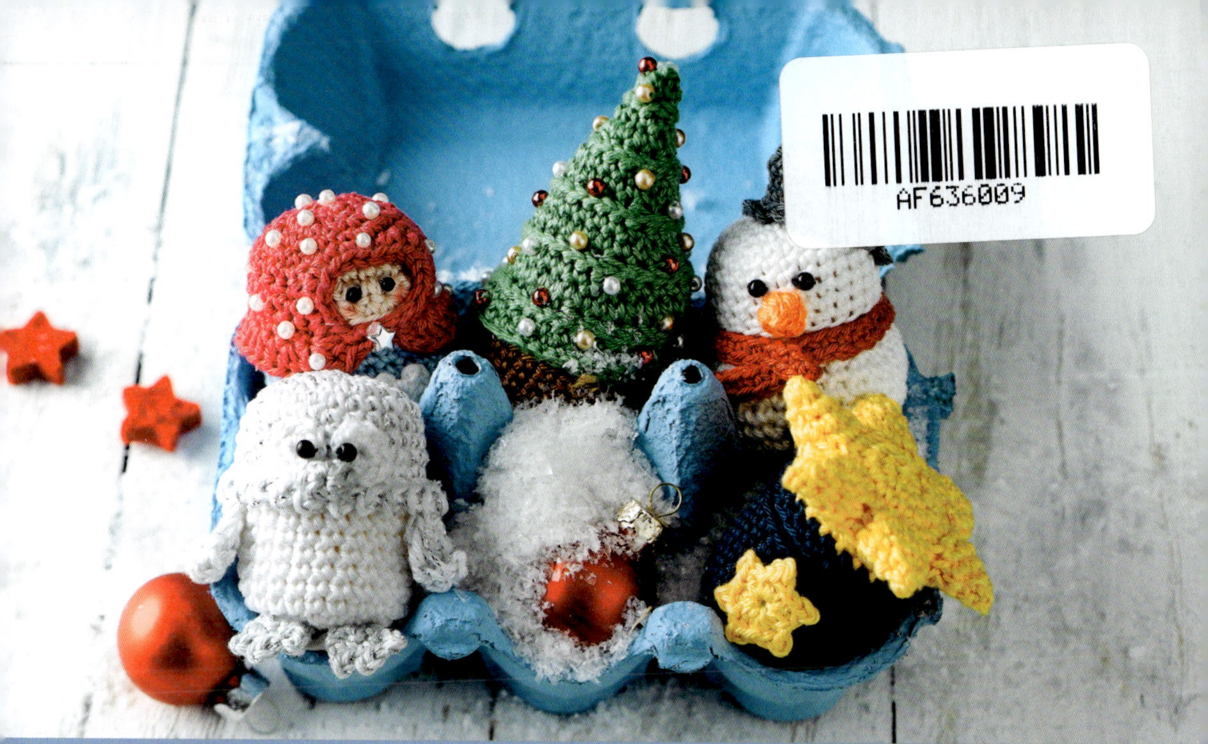

1, 2, 3 – hier kommt endlich das winterliche Eierlei an gehäkelten Hüllen für die Kapseln der beliebten schokoladigen Eier. Nach den ersten zwei Bänden darf natürlich auch die winter-weihnachtliche Häkelei nicht fehlen.

Verwenden Sie die kleinen Kapseln wieder und verwandeln Sie diese in Geschenke oder in Aufbewahrungsdosen für Kleinigkeiten zum Sammeln oder einfach nur so in süße Begleiter für unterwegs. Diese Kapseln eignen sich hervorragend als Weihnachtsdekoration oder kleines Mitbringsel für die Liebsten in der herrlichen Winterzeit.

Also, schnappen Sie sich Ihre Häkelnadel und suchen Sie ein Modell aus! Die kleinen Kameraden werden Ihren Liebsten bestimmt ein Lächeln ins Gesicht zaubern.

Ich wünsche Ihnen viel Spaß

Drolliger Eisbär

kuschelig weich

MATERIAL

- Schachenmayr Catania (LL 125 m/50 g) in Weiß (Fb 106), 50 g
- Schachenmayr Baby Smiles Lenja Soft (LL 85 m/25 g) in Weiß (Fb 1001), Rest
- Woolly Hugs Beilaufgarn (LL 1000 m/25 g) in Silber (Fb 301), Rest
- Häkelnadel 3,0 mm
- 2 Perlen in Schwarz, ø 4 mm
- Stickgarn in Schwarz
- Heißkleber

Anleitung

Alle Teile werden in Spiral-Rd gearbeitet.

Oberteil

Mit Catania in Weiß einen Magic-Ring anfertigen.
1. Rd: 6 fM in den Ring häkeln (= 6 M).
2. Rd: Jede fM verdoppeln (= 12 M).
3. Rd: Jede 2. fM verdoppeln (= 18 M).
4. Rd: Jede 3. fM verdoppeln (= 24 M).
5.-8. Rd: Jeweils 24 fM häkeln.
9. Rd: 23 fM häkeln. Mit 1 Km schließen.
Faden abschneiden und durchziehen.

Unterteil

Mit Catania in Weiß einen Magic-Ring anfertigen.
1. Rd: 6 fM in den Ring häkeln (= 6 M).
2. Rd: Jede fM verdoppeln (= 12 M).
3. Rd: Jede 2. fM verdoppeln (= 18 M).
4. Rd: Jede 3. fM verdoppeln (= 24 M).
5.-11. Rd: Jeweils 24 fM häkeln.
12. Rd: 23 fM häkeln. Mit 1 Km schließen.
Faden abschneiden und durchziehen.

Ohr (2x)

Mit Catania in Weiß einen Magic-Ring anfertigen.
1. Rd: 5 fM in den Ring häkeln (= 5 M).
2. Rd: Jede fM verdoppeln (= 10 M).
3.+4. Rd: Jeweils 10 fM häkeln.
Faden lang abschneiden und durchziehen.
Das 2. Ohr ebenso mit doppeltem Faden Catania in Weiß und Silber häkeln.

Nase

Mit doppeltem Faden Catania in Weiß und Silber einen Magic-Ring anfertigen.
1. Rd: 5 fM in den Ring häkeln (= 5 M).
2. Rd: Jede fM verdoppeln (= 10 M).
Faden lang abschneiden und durchziehen.

Bauch

Mit Lenja Soft in Weiß einen Magic-Ring anfertigen.
1. Rd: 6 fM in den Ring häkeln (= 6 M).
2. Rd: Jede fM verdoppeln (= 12 M).
3. Rd: Jede 2. fM verdoppeln (= 18 M).
Faden lang abschneiden und durchziehen.

Fertigstellen

Ohren, Nase und Bauch zuerst feststecken und dann aufnähen. Die Perlen als Augen aufnähen und in Schwarz die Nase aufsticken. Ober- und Unterteil so an der Kapsel ankleben, dass der Verbindungssteg der Kapsel auf der Rückseite ist.
Mit 4 Überwendlingsstichen Ober- und Unterteil über dem Steg zusammennähen. Alle Fäden vernähen.

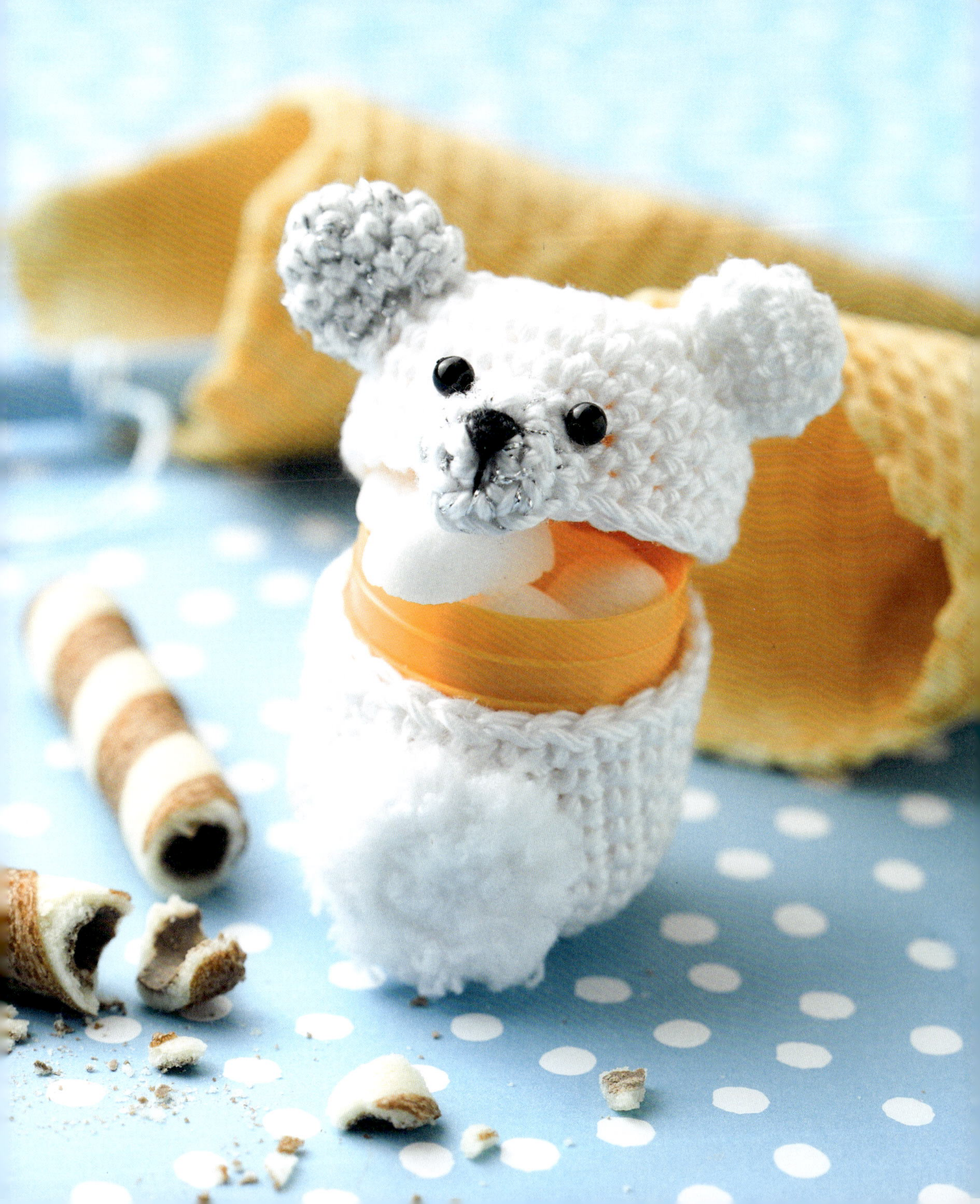

Kluge Schnee-Eule

die großen Augen sehen alles

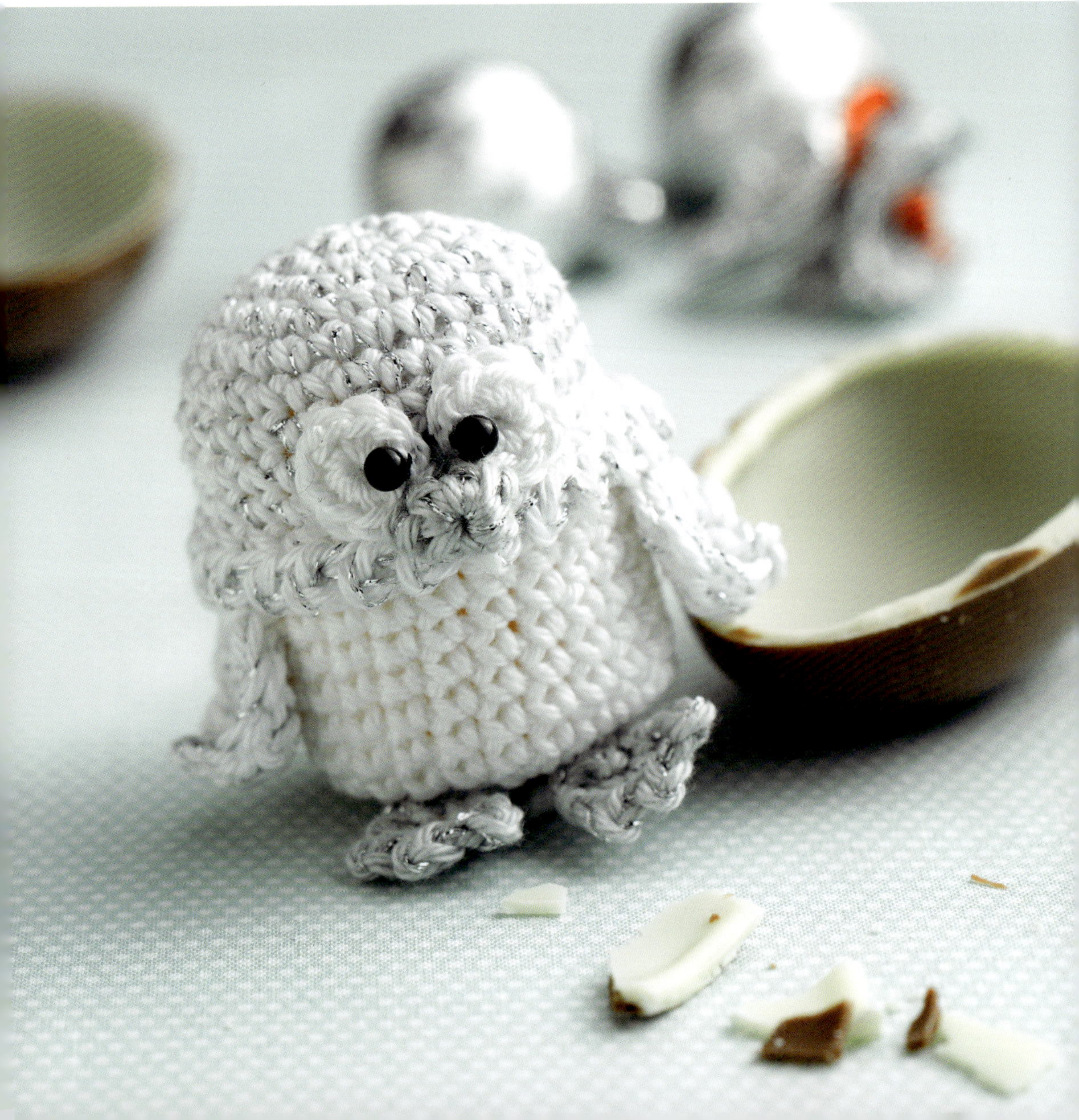

MATERIAL

- Schachenmayr Catania (LL 125 m/50 g) in Weiß (Fb 106), 50 g, in Silber (Fb 172), Rest
- Woolly Hugs Beilaufgarn (LL 1000 m/25 g) in Silber (Fb 301), Rest
- Häkelnadel 3,0 mm
- 2 Perlen in Schwarz, ø 4 mm
- Heißkleber

Anleitung

Alle Teile mit Ausnahme der Füße werden in Spiral-Rd gearbeitet.

Oberteil

Mit doppeltem Faden in Weiß und Beilaufgarn in Silber einen Magic-Ring anfertigen.
1. Rd: 6 fM in den Ring häkeln (= 6 M).
2. Rd: Jede fM verdoppeln (= 12 M).
3. Rd: Jede 2. fM verdoppeln (= 18 M).
4. Rd: Jede 3. fM verdoppeln (= 24 M).
5.-9. Rd: Jeweils 24 fM häkeln.
10. Rd: Für die Zacken * 1 fM, 1 Lm, 1 Km in dieselbe fM, ab * noch 23x wdh (= 24 M).
Faden abschneiden und durchziehen.

Unterteil

In Weiß einen Magic-Ring anfertigen.
1. Rd: 6 fM in den Ring häkeln (= 6 M).
2. Rd: Jede fM verdoppeln (= 12 M).
3. Rd: Jede 2. fM verdoppeln (= 18 M).
4. Rd: Jede 3. fM verdoppeln (= 24 M).
5.-11. Rd: Jeweils 24 fM häkeln.
12. Rd: 23 fM häkeln. Mit 1 Km schließen.
Faden abschneiden und durchziehen.

Schnabel

Mit doppeltem Faden in Catania in Silber und Beilaufgarn in Silber einen Magic-Ring anfertigen.
1. Rd: 6 hStb in den Ring häkeln (= 6 M).
Faden lang abschneiden und durchziehen.

Flügel (2x)

Mit doppeltem Faden in Weiß und Beilaufgarn in Silber einen Magic-Ring anfertigen.
1. Rd: 1 Lm, 1 hStb, 2 Stb, 2 DStb, 1 Lm, 1 Km in das letzte DStb, 2 DStb, 2 Stb, 1 hStb in den Ring häkeln. Mit 1 Km schließen.
Faden lang abschneiden und durchziehen.
Den 2. Flügel ebenso häkeln.

Fuß (2x)

Mit doppeltem Faden in Silber und Beilaufgarn in Silber einen Magic-Ring anfertigen.
Weiter in R arb.
1. R: 3 Lm (1. hStb), 2 hStb (= 3 M).
2. R: 1 Lm, 3 fM (= 3 M).
3. R: 1 Lm, * 1 fM, 1 Lm, 1 Km in dieselbe fM, ab * noch 2x wdh.
Faden lang abschneiden und durchziehen.
Den 2. Fuß ebenso häkeln.

Schwänzchen

Mit doppeltem Faden in Weiß und Beilaufgarn in Silber einen Magic-Ring anfertigen.
1. Rd: 2 Lm, 3 hStb, * 1 Stb, 1 Lm, 1 Km in dasselbe Stb, ab * noch 3x wdh, 3 hStb in den Ring häkeln. Mit 1 Km in die oberste Lm schließen.
Faden lang abschneiden und durchziehen.

Auge (2x)

In Weiß einen Magic-Ring anfertigen.
1. Rd: 8 fM in den Ring häkeln. Mit 1 Km schließen.
Faden lang abschneiden und durchziehen.
Das 2. Auge ebenso häkeln

Fertigstellen

Flügel, Schwänzchen, Füße und weiße Augen zuerst feststecken und dann aufnähen. Die schwarzen Perlen aufnähen. Den Schnabel flachdrücken und ankleben. Ober- und Unterteil so an der Kapsel ankleben, dass der Verbindungssteg der Kapsel auf der Rückseite ist. Mit 4 Überwendlingsstichen Ober- und Unterteil über dem Steg zusammennähen. Alle Fäden vernähen.

Schüchternes Rentier

mit roter Nase

MATERIAL

- Schachenmayr Catania (LL 125 m/50 g) in Marone (Fb 157), 50 g, in Schlamm (Fb 406) und Sun-Kissed (Fb 437), Reste
- Häkelnadel 3,0 mm
- 2 Perlen in Schwarz, ø 4 mm
- Perle in Rot, ø 5 mm
- Stickgarn in Schwarz
- Heißkleber

Anleitung

Alle Teile mit Ausnahme des Geweihs werden in Spiral-Rd gearbeitet.

Oberteil

In Marone einen Magic-Ring anfertigen.
1. Rd: 6 fM in den Ring häkeln (= 6 M).
2. Rd: Jede fM verdoppeln (= 12 M).
3. Rd: Jede 2. fM verdoppeln (= 18 M).
4. Rd: Jede 3. fM verdoppeln (= 24 M).
5.-8. Rd: Jeweils 24 fM häkeln.
9. Rd: 23 fM häkeln. Mit 1 Km schließen.
Faden abschneiden und durchziehen.

Unterteil

In Marone einen Magic-Ring anfertigen.
1. Rd: 6 fM in den Ring häkeln (= 6 M).
2. Rd: Jede fM verdoppeln (= 12 M).
3. Rd: Jede 2. fM verdoppeln (= 18 M).
4. Rd: Jede 3. fM verdoppeln (= 24 M).
5.-11. Rd: Jeweils 24 fM häkeln.
12. Rd: 23 fM häkeln. Mit 1 Km schließen.
Faden abschneiden und durchziehen.

Nase

In Sun-Kissed einen Magic-Ring anfertigen.
1. Rd: 8 hStb in den Ring häkeln (= 8 M).
Faden lang abschneiden und durchziehen.

Ohr (2x)

In Marone einen Magic-Ring anfertigen.
1. Rd: 2 hStb, 1 Stb, 1 Lm, 1 Km in das Stb, 1 Stb, 2 hStb in den Ring häkeln. Mit 1 Km in das 1. hStb schließen.
Faden lang abschneiden und durchziehen.
Das 2. Ohr ebenso häkeln.

Bauch

In Sun-Kissed einen Magic-Ring anfertigen.
1. Rd: 6 fM in den Ring häkeln (= 6 M).
2. Rd: 1 fM verdoppeln, 2 hStb in 1 M, 2x 1 fM verdoppeln, 2 hStb in 1 M, 1 fM verdoppeln. 1 Km in die 1. fM.
Faden lang abschneiden und durchziehen.

Geweih (2x)

In Schlamm 10 Lm anschl.
1. R: 4 Km, 4 Lm, 3 Km auf die Lm-Kette, 5 Km.
Faden abschneiden und durchziehen.
Das 2. Geweih ebenso häkeln.

Fertigstellen

Ohren, Geweih, Bauch, Nase und Perlen aufnähen. Ober- und Unterteil so an der Kapsel ankleben, dass der Verbindungssteg der Kapsel auf der Rückseite ist.
Mit 4 Überwendlingsstichen Ober- und Unterteil über dem Steg zusammennähen.
Alle Fäden vernähen.

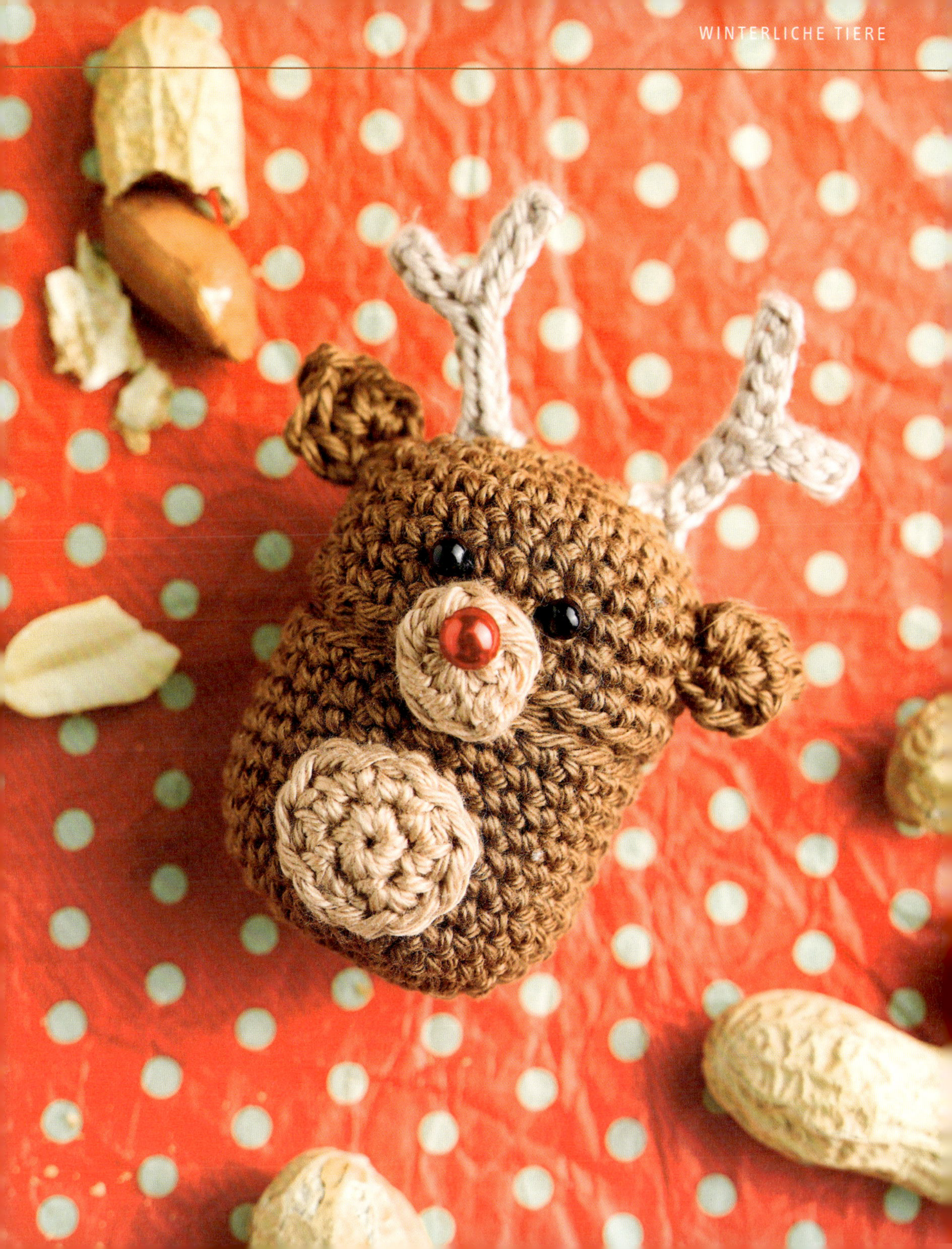

Tapsiger Pinguin

entdeckt die Welt

MATERIAL

- Schachenmayr Catania (LL 125 m/50 g) in Schwarz (Fb 110), 50 g, in Weiß (Fb 106), Orange (Fb 281) und Silber (Fb 172), Reste
- Häkelnadel 3,0 mm
- 2 Perlen in Schwarz, ø 4 mm
- Heißkleber

Anleitung

Alle Teile mit Ausnahme der Füße werden in Spiral-Rd gearbeitet.

Oberteil

In Schwarz einen Magic-Ring anfertigen.
1. Rd: 6 fM in den Ring häkeln (= 6 M).
2. Rd: Jede fM verdoppeln (= 12 M).
3. Rd: Jede 2. fM verdoppeln (= 18 M).
4. Rd: Jede 3. fM verdoppeln (= 24 M).
5.-8. Rd: Jeweils 24 fM häkeln.
9. Rd: 23 fM häkeln. Mit 1 Km schließen.
Faden abschneiden und durchziehen.

Unterteil

In Schwarz einen Magic-Ring anfertigen.
1. Rd: 6 fM in den Ring häkeln (= 6 M).
2. Rd: Jede fM verdoppeln (= 12 M).
3. Rd: Jede 2. fM verdoppeln (= 18 M).
4. Rd: Jede 3. fM verdoppeln (= 24 M).
5.-11. Rd: Jeweils 24 fM häkeln.
12. Rd: 23 fM häkeln. Mit 1 Km schließen.
Faden abschneiden und durchziehen.

Schnabel

In Orange einen Magic-Ring anfertigen.
1. Rd: 6 hStb in den Ring häkeln (= 6 M).
Faden lang abschneiden und durchziehen.

Flügel (2x)

In Schwarz einen Magic-Ring anfertigen.
1. Rd: 1 Lm, 1 hStb, 2 Stb, 2 DStb, 1 Lm, 1 Km in das letzte DStb, 2 DStb, 2 Stb, 1 hStb in den Ring häkeln. Mit 1 Km schließen.
Faden lang abschneiden und durchziehen.
Den 2. Flügel ebenso häkeln.

Fuß (2x)

In Orange einen Magic-Ring anfertigen.
Weiter in R arb.
1. R: 3 Lm, 2 hStb (= 3 M).
2. R: 1 Lm, 3 fM (= 3 M).
3. R: 1 Lm, * 1 fM, 1 Lm, 1 Km in dieselbe fM, ab * noch 2x wdh.
Faden lang abschneiden und durchziehen.
Den 2. Fuß ebenso häkeln.

Bauch

In Weiß 6 Lm anschl. Die Lm-Kette wird von beiden Seiten behäkelt.
1. Rd: 4 fM, 3 fM in 1 M, 4 fM, 3 fM in 1 M (= 14 M).
2. Rd: 2 hStb, 2 fM, (1 fM, 1 hStb, 1 Stb, 1 Lm, 1 Km in Stb, 1 hStb) in 1 M, 1 Km, (1 hStb, 1 Stb, 1 Lm, 1 Km in Stb, 1 hStb, 1 fM) in 1 M, 2 fM, 2 hStb, * 2 hStb in 1 M, ab * noch 2x wdh, 1 Km.
Faden lang abschneiden und durchziehen.

Fertigstellen

Der Bauch des Pinguins soll die Vorderseite bilden, das Ei soll sich auf der gegenüberliegenden Seite öffnen lassen. Ober- und Unterteil so an der Kapsel ankleben, dass der Verbindungssteg der Kapsel auf der Vorderseite liegt. Mit 4 Überwendlingsstichen Ober- und Unterteil über dem Steg zusammennähen. Bauch (über dem Steg), Flügel und Füße zuerst feststecken und dann aufnähen. Den Schnabel flachdrücken und ankleben. Die Perlen als Augen aufnähen. Alle Fäden vernähen.

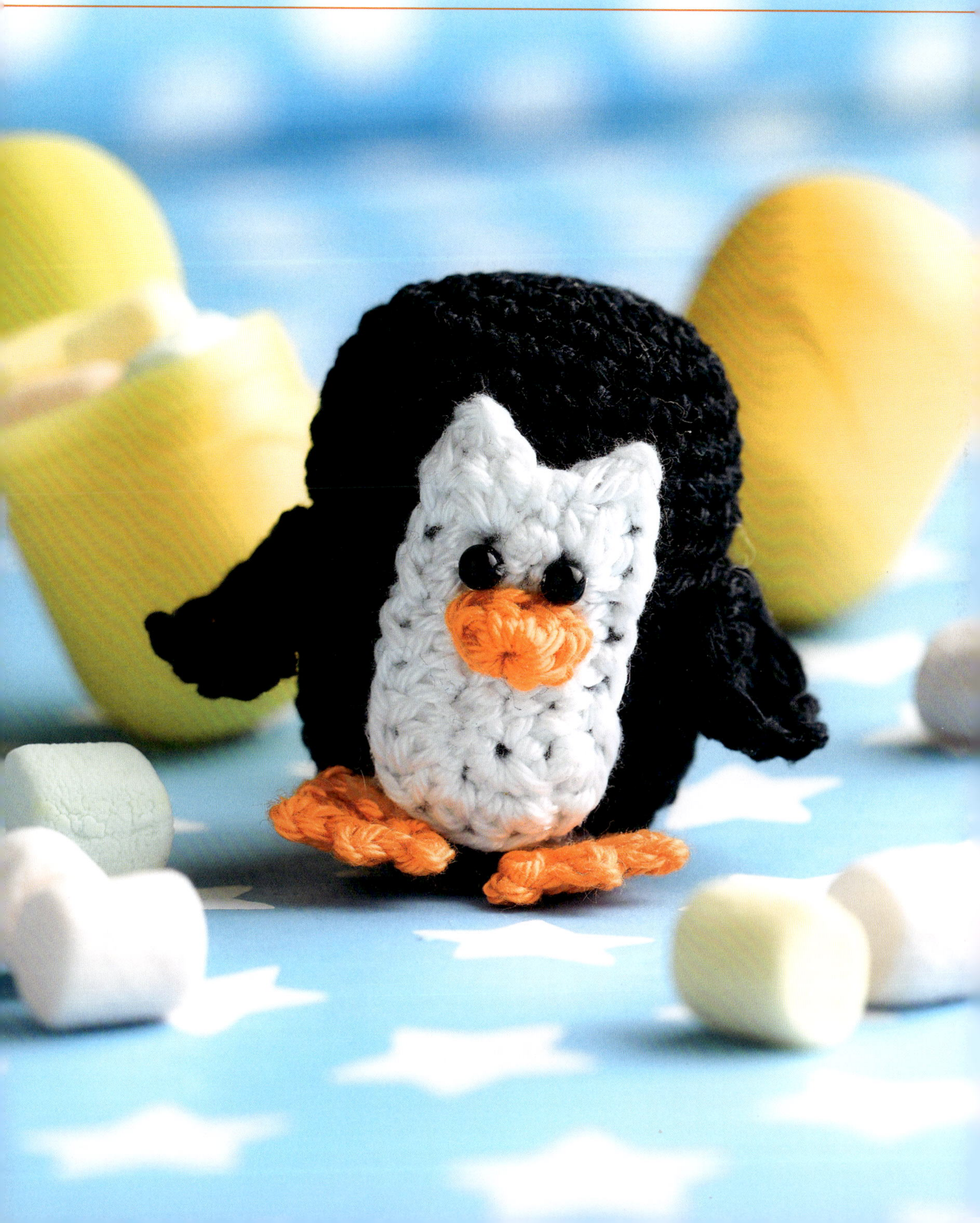

Maria und Josef mit Jesuskind

Krippenszene

MATERIAL

- Schachenmayr Catania (LL 125 m/50 g) in Hellblau (Fb 173), Regatta (Fb 261), Sun-Kissed (Fb 437), Marone (Fb 157) und Soft Apricot (Fb 263), je 50 g, in Weiß (Fb 106), Rest
- Häkelnadel 3,0 mm
- 4 Perlen in Schwarz, ø 4 mm
- 2 Perlen in Schwarz, ø 2 mm
- Stickgarn in Rot und Schwarz
- Rouge
- Füllwatte, Rest
- Heißkleber

Maria

Alle Teile mit Ausnahme des Kopftuchs werden in Spiral-Rd gearbeitet.

Oberteil Maria

In Soft Apricot einen Magic-Ring anfertigen.
1. Rd: 6 fM in den Ring häkeln (= 6 M).
2. Rd: Jede fM verdoppeln (= 12 M).
3. Rd: Jede 2. fM verdoppeln (= 18 M).
4. Rd: Jede 3. fM verdoppeln (= 24 M).
5.-8. Rd: Jeweils 24 fM häkeln.
9. Rd: 23 fM häkeln. Mit 1 Km schließen.
Faden abschneiden und durchziehen.

Unterteil Maria

In Hellblau einen Magic-Ring anfertigen.
1. Rd: 6 fM in den Ring häkeln (= 6 M).
2. Rd: Jede fM verdoppeln (= 12 M).
3. Rd: Jede 2. fM verdoppeln (= 18 M).
4. Rd: Jede 3. fM verdoppeln (= 24 M).
5. Rd: Jede 4. fM verdoppeln (= 30 M).
6. Rd: 30 Relief-fM von hinten häkeln.
7. Rd: Jede 9. und 10. fM zusammen abmaschen (= 27 M).
8. Rd: 27 fM häkeln.
9. Rd: Jede 8. und 9. fM zusammen abmaschen (= 24 M).
10.-14. Rd: Jeweils 24 fM häkeln.
15. Rd: 23 fM häkeln. Mit 1 Km schließen.
Faden abschneiden und durchziehen.

Kopftuch Maria

In Regatta einen Magic-Ring anfertigen.
1. Rd: 6 fM in den Ring häkeln (= 6 M).
2. Rd: Jede fM verdoppeln (= 12 M).
3. Rd: Jede 2. fM verdoppeln (= 18 M).
4. Rd: Jede 3. fM verdoppeln (= 24 M).
5. Rd: Jede 4. fM verdoppeln (= 30 M).
6.+7. Rd: Jeweils 30 fM.
8. Rd: 20 fM häkeln. Die restlichen M bleiben unbehäkelt.
Weiter in R arb. Am Ende jeder R 1 Wende-Lm häkeln.
9.-17. R: Jeweils 20 fM häkeln.
Dann das Kopftuch umhäkeln. Dafür in jede M * 1 fM, 1 Lm, 1 Km in die fM häkeln, ab * noch 19x in die M der 17. R, 9x in die Rdm, 10x in die unbehäkelten M der 7. Rd, 9x in die Rdm.
Faden lang abschneiden und durchziehen.

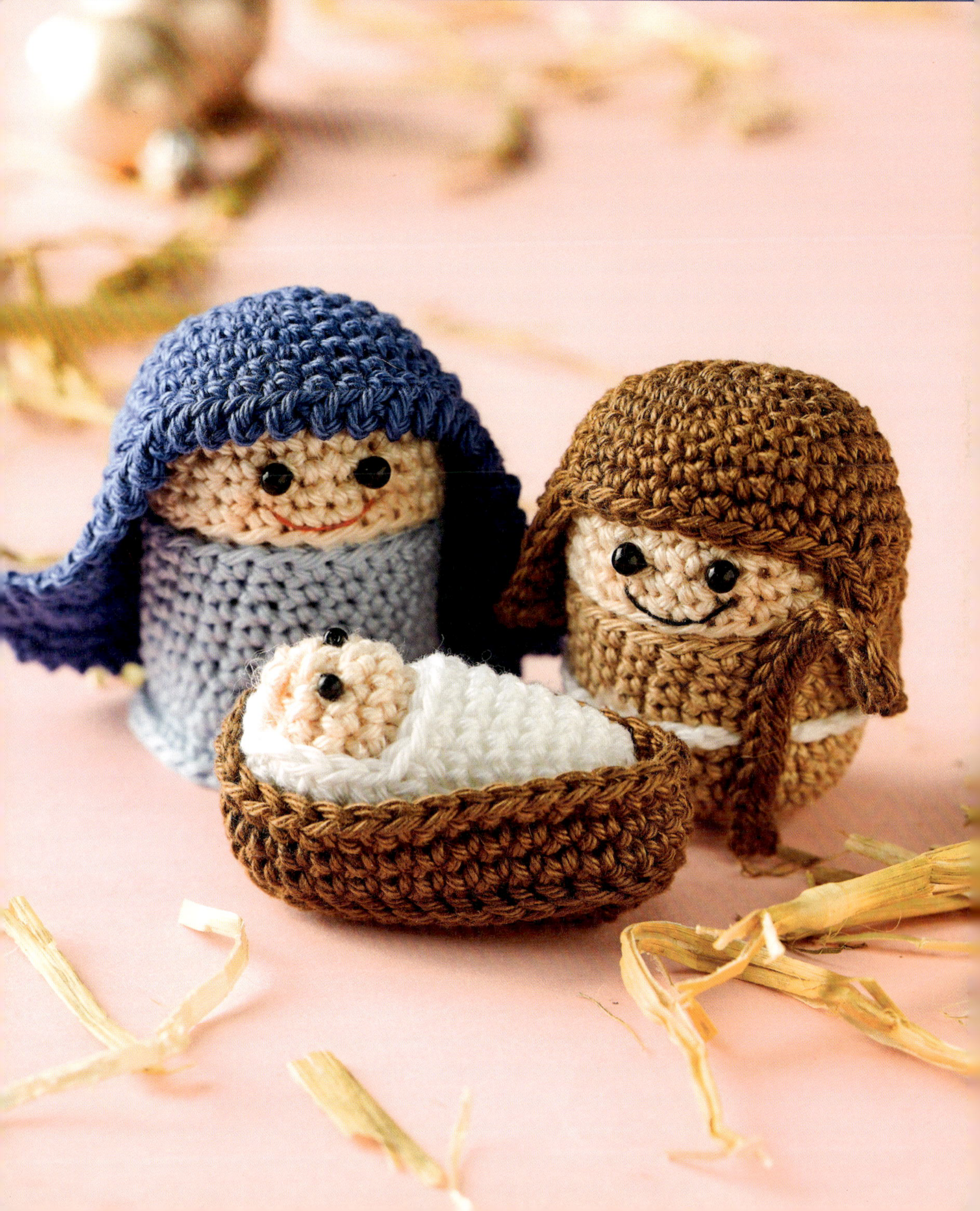

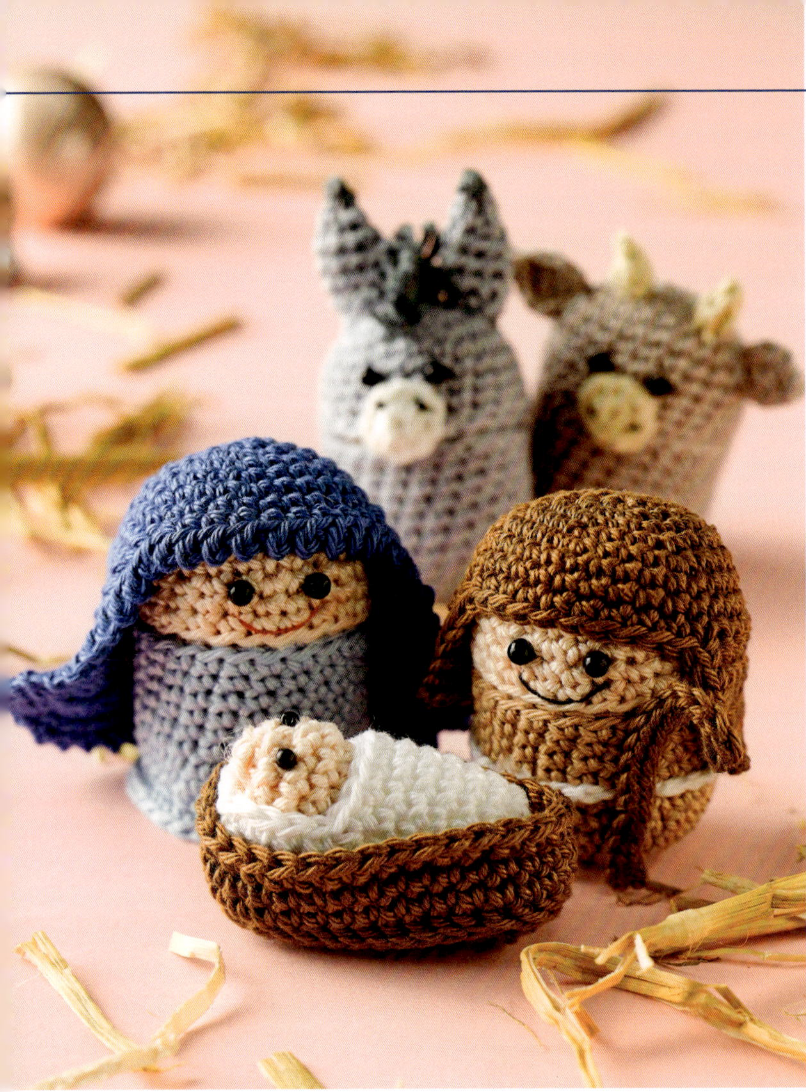

4. Rd: Jede 3. fM verdoppeln (= 24 M).
5.-8. Rd: Jeweils 24 fM häkeln.
9. Rd: 23 fM häkeln. Mit 1 Km schließen.
Faden abschneiden und durchziehen.

Josef

Alle Teile mit Ausnahme des Kopftuchs und des Stabs werden in Spiral-Rd gearbeitet.

Oberteil

In Soft Apricot einen Magic-Ring anfertigen.
1. Rd: 6 fM in den Ring häkeln (= 6 M).
2. Rd: Jede fM verdoppeln (= 12 M).
3. Rd: Jede 2. fM verdoppeln (= 18 M).

Unterteil

In Sun-Kissed einen Magic-Ring anfertigen.
1. Rd: 6 fM in den Ring häkeln (= 6 M).
2. Rd: Jede fM verdoppeln (= 12 M).
3. Rd: Jede 2. fM verdoppeln (= 18 M).
4. Rd: Jede 3. fM verdoppeln (= 24 M).
5.-11. Rd: Jeweils 24 fM häkeln.
12. Rd: 23 fM häkeln. Mit 1 Km schließen.
Faden abschneiden und durchziehen.

Kopftuch

In Marone einen Magic-Ring anfertigen.
1. Rd: 6 fM in den Ring häkeln (= 6 M).
2. Rd: Jede fM verdoppeln (= 12 M).
3. Rd: Jede 2. fM verdoppeln (= 18 M).
4. Rd: Jede 3. fM verdoppeln (= 24 M).
5. Rd: Jede 4. fM verdoppeln (= 30 M).
6.+7. Rd: Jeweils 30 fM.
8. Rd: 20 fM häkeln. Die restlichen M bleiben unbehäkelt.
Weiter in R arb. Am Ende jeder R 1 Wende-Lm häkeln.
9.-13. R: Jeweils 20 fM häkeln.

Dann das Kopftuch umhäkeln. Dafür in jede M * 1 fM, 1 Lm, 1 Km in die fM häkeln, ab * noch 19x in die M der 13. R, 5x auf die Rdm, 10x auf die unbehäkelten M der 7. Rd, 5x auf die Rdm.
Faden lang abschneiden und durchziehen.

Stab

In Marone 16 Lm anschl und ab der 2. Lm ab Nd 15 Km häkeln.
Faden abschneiden und durchziehen.

Gürtel

32 Lm in Weiß anschl. Faden abschneiden und durchziehen.

Jesuskind in der Krippe

Alle Teile mit Ausnahme des Körpers und der Krippe werden in Spiral-Rd gearbeitet.

Kopf

In Soft Apricot einen Magic-Ring anfertigen.
1. Rd: 6 fM in den Ring häkeln (= 6 M).
2. Rd: Jede fM verdoppeln (= 12 M).
3.-5. Rd: Jeweils 12 fM häkeln.
6. Rd: Jeweils 2 fM zusammen abmaschen (= 6 M).
Kopf leicht ausstopfen.
Faden abschneiden und durchziehen.

Körper

In Weiß einen Magic-Ring anfertigen.
1. Rd: 6 fM in den Ring häkeln (= 6 M).
2. Rd: Jede fM verdoppeln (= 12 M).
3. Rd: Jede 4. und 5. fM verdoppeln (= 15 M).
4.-8. Rd: Jeweils 15 fM häkeln.
9. Rd: 8 fM häkeln. Die restlichen M bleiben unbehäkelt.
Weiter in R arb. Am Ende jeder R 1 Wende-Lm häkeln.
10.-12. R: 8 fM häkeln.
13. R: Jeweils 2 fM zusammen abmaschen (= 4 M).
14. R: Jeweils 2 fM zusammen abmaschen (= 2 M).
Nun alles umhäkeln: 5 fM in die Rdm, 7 fM in die unbehäkelten M der 8. Rd, 5 fM in die Rdm, 2 fM in die M der 14. R (= 19 M).
Faden abschneiden und durchziehen.

Krippe

In Marone 13 Lm anschl und weiter in R arb. Am Ende jeder R 1 Wende-Lm häkeln.
1.-4. R: Jeweils 12 fM häkeln.
Alles mit fM umhäkeln:
5. Rd: 12 fM häkeln, 4 fM in die Rdm, 12 fM, 4 fM in die Rdm (= 32 M).
Nun in Rd weiterarb.
6. Rd: 32 Relief-fM von hinten häkeln.
7.+8. Rd: Jeweils 32 fM häkeln.
9. Rd: 32 fM nur in die vorderen M-Glieder häkeln.
Faden abschneiden und durchziehen.

Fertigstellen

Für Maria das Kopftuch aufnähen. Die Perlen als Augen aufnähen. Den Mund in Rot aufsticken. Rouge mit einem Wattestäbchen auf die Wangen auftupfen. Ober- und Unterteil so an der Kapsel ankleben, dass der Verbindungssteg der Kapsel auf der Rückseite ist. Mit 4 Überwendlingsstichen Ober- und Unterteil über dem Steg zusammennähen. Alle Fäden vernähen.
Für Josef das Kopftuch aufnähen. Die Perlen als Augen aufnähen. Den Mund in Schwarz aufsticken. Den Gürtel um den Bauch knoten und leicht festnähen. Den Stab am Unterteil festnähen. Ober- und Unterteil so an der Kapsel ankleben, dass der Verbindungssteg der Kapsel auf der Rückseite ist. Mit 4 Überwendlingsstichen Ober- und Unterteil über dem Steg zusammennähen. Alle Fäden vernähen.
Beim Jesuskind die Perlen als Augen aufnähen. Den Körper leicht mit Füllwatte ausstopfen. Den Kopf in die Lücke des Körpers kleben. Das Jesuskind in die Krippe legen. Alle Fäden vernähen.

Treuer Esel

im Stall

MATERIAL

- Schachenmayr Catania (LL 125 m/50 g) in Rauchgrau (Fb 435), 50 g, in Natur (Fb 105) und Stein (Fb 242), Reste
- Häkelnadel 3,0 mm
- 2 Perlen in Schwarz, ø 4 mm
- Stickgarn in Schwarz
- Heißkleber

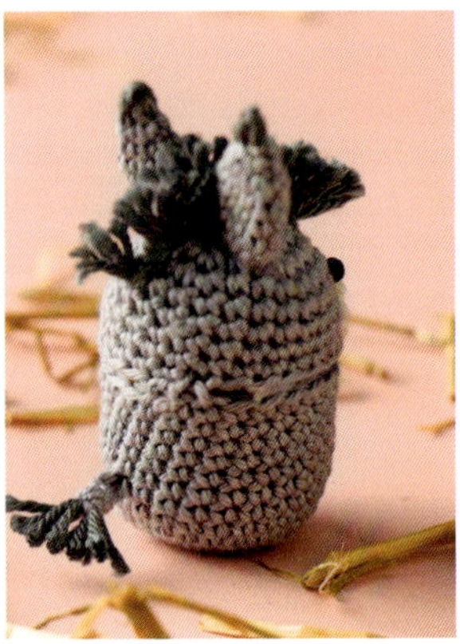

Anleitung

Alle Teile werden in Spiral-Rd gearbeitet.

Oberteil

In Rauchgrau einen Magic-Ring anfertigen.

1. Rd: 6 fM in den Ring häkeln (= 6 M).
2. Rd: Jede fM verdoppeln (= 12 M).
3. Rd: Jede 2. fM verdoppeln (= 18 M).
4. Rd: Jede 3. fM verdoppeln (= 24 M).
5.-8. Rd: Jeweils 24 fM häkeln.
9. Rd: 23 fM häkeln. Mit 1 Km schließen.
Faden abschneiden und durchziehen.

Unterteil

In Rauchgrau einen Magic-Ring anfertigen.

1. Rd: 6 fM in den Ring häkeln (= 6 M).
2. Rd: Jede fM verdoppeln (= 12 M).
3. Rd: Jede 2. fM verdoppeln (= 18 M).
4. Rd: Jede 3. fM verdoppeln (= 24 M).
5.-11. Rd: Jeweils 24 fM häkeln.
12. Rd: 23 fM häkeln. Mit 1 Km schließen.
Faden abschneiden und durchziehen.

Nase

In Natur einen Magic-Ring anfertigen.

1. Rd: 2 fM, 2 hStb, 3 fM, 2 hStb, 1 fM in den Ring häkeln. Mit 1 Km in die 1. fM schließen.
Faden lang trennen und durchziehen.

Ohr (2x)

In Rauchgrau einen Magic-Ring anfertigen.

1. Rd: 6 fM in den Ring häkeln (= 6 M).
2. Rd: 6 fM häkeln.
3. Rd: Jede 3. fM verdoppeln (= 8 M).
4. Rd: 8 fM häkeln.
5. Rd: Jede 3. und 4. fM zusammen abmaschen (= 6 M).
6. Rd: 5 fM häkeln. Mit 1 Km schließen.
Faden lang abschneiden und durchziehen.
Das 2. Ohr ebenso häkeln.

Schweif

Mit doppeltem Faden in Rauchgrau am Unterteil anschlingen und 4 Lm anschl. 6 Fäden in Stein von ca. 4 cm Länge zuschneiden, in das Ende einknüpfen und etwas kürzen.

Fertigstellen

Ohren, Nase und Perlen annähen.
Die Nasenlöcher in Schwarz aufsticken und die Spitzen der Ohren mit einigen Stichen in Rauchgrau betonen. Für die Mähne 18 Fäden von 8 cm Länge zuschneiden und 9 Strähnen aus 2 Fäden am Oberteil einknüpfen und kürzen. Ober- und Unterteil so an der Kapsel ankleben, dass der Verbindungssteg der Kapsel auf der Rückseite ist. Mit 4 Überwendlingsstichen Ober- und Unterteil über dem Steg zusammennähen. Alle Fäden vernähen.

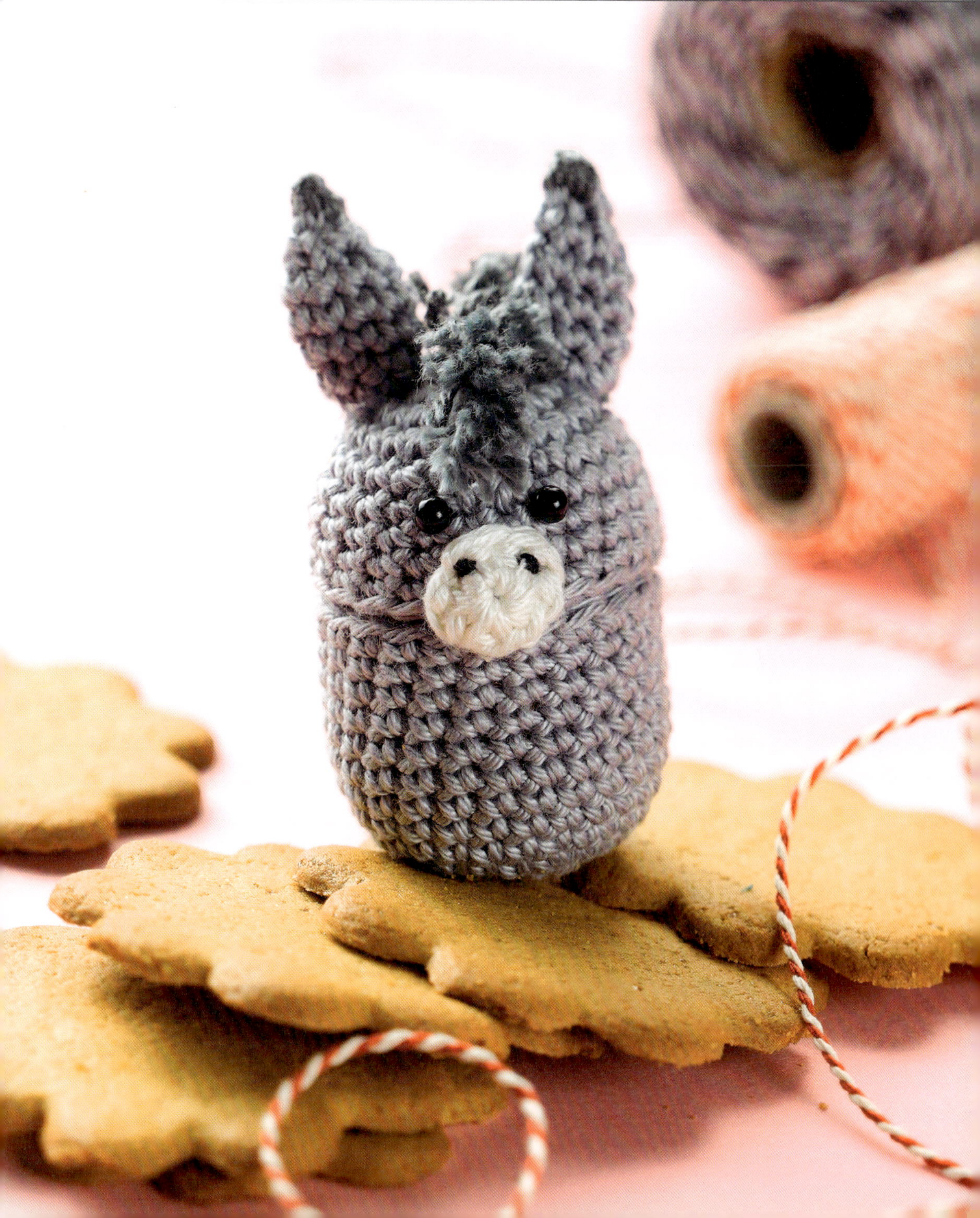

Starker Ochse

bewacht das Jesuskind

MATERIAL

- Schachenmayr Catania (LL 125 m/50 g) in Schlamm (Fb 406), 50 g, in Sand (Fb 404), Rest
- Häkelnadel 3,0 mm
- 2 Perlen Schwarz, ø 4 mm
- Stickgarn in Schwarz
- Heißkleber

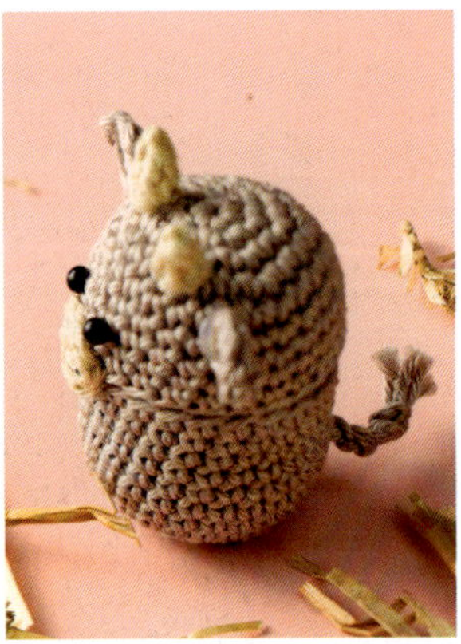

Anleitung

Alle Teile werden in Spiral-Rd gearbeitet.

Oberteil

In Schlamm einen Magic-Ring anfertigen.
1. Rd: 6 fM in den Ring häkeln (= 6 M).
2. Rd: Jede fM verdoppeln (= 12 M).
3. Rd: Jede 2. fM verdoppeln (= 18 M).
4. Rd: Jede 3. fM verdoppeln (= 24 M).
5.-8. Rd: Jeweils 24 fM häkeln.
9. Rd: 23 fM häkeln. Mit 1 Km schließen.
Faden abschneiden und durchziehen.

Unterteil

In Schlamm einen Magic-Ring anfertigen.
1. Rd: 6 fM in den Ring häkeln (= 6 M).
2. Rd: Jede fM verdoppeln (= 12 M).
3. Rd: Jede 2. fM verdoppeln (= 18 M).
4. Rd: Jede 3. fM verdoppeln (= 24 M).
5.-11. Rd: Jeweils 24 fM häkeln.
12. Rd: 23 fM häkeln. Mit 1 Km schließen.
Faden abschneiden und durchziehen.

Nase

In Sand einen Magic-Ring anfertigen.
1. Rd: 2 fM, 2 hStb, 2 fM, 2 hStb in den Ring häkeln. Mit 1 Km in die 1. fM schließen.
Faden lang abscheiden und durchziehen.

Ohr (2x)

In Schlamm einen Magic-Ring anfertigen.
1. Rd: 2 fM, 1 hStb, 1 Stb, 1 Lm, 1 Km in das Stb, 1 hStb, 1 fM in den Ring häkeln. Mit 1 Km in die 1. fM schließen.
Faden abschneiden und durchziehen.
Das 2. Ohr ebenso häkeln.

Horn (2x)

In Sand einen Magic-Ring anfertigen.
1. Rd: 2 Lm, dann in den Ring 4 Stb zusammen abmaschen. Den Ring fest zusammenziehen und das Horn in Form drücken.
Faden abschneiden und durchziehen.
Das 2. Horn ebenso häkeln.

Schweif

Mit doppeltem Faden in Marone am Unterteil anschlingen und 4 Lm anschl. 6 Fäden von ca. 4 cm Länge zuschneiden, in das Ende einknüpfen und etwas kürzen.

Fertigstellen

Ohren, Hörner, Nase und Perlen als Augen annähen. Die Nasenlöcher in Schwarz aufsticken. Ober- und Unterteil so an der Kapsel ankleben, dass der Verbindungssteg der Kapsel auf der Rückseite ist. Mit 4 Überwendlingsstichen Ober- und Unterteil über dem Steg zusammennähen. Alle Fäden vernähen.

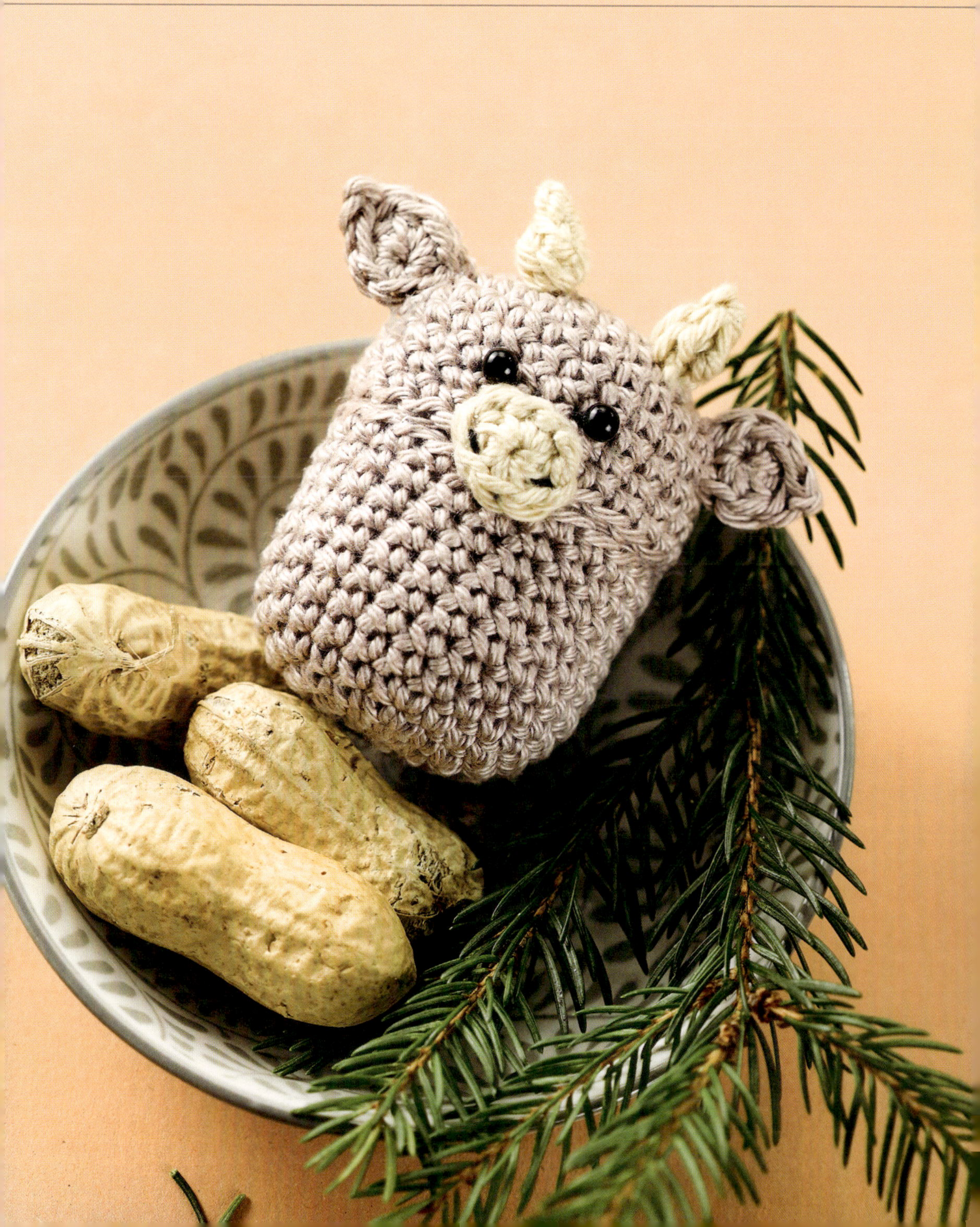

Kleiner Engel

mit lockigem Haar

Anleitung

Alle Teile werden in Spiral-Rd gearbeitet.

Oberteil

In Soft Apricot einen Magic-Ring anfertigen.
1. Rd: 6 fM in den Ring häkeln (= 6 M).
2. Rd: Jede fM verdoppeln (= 12 M).
3. Rd: Jede 2. fM verdoppeln (= 18 M).
4. Rd: Jede 3. fM verdoppeln (= 24 M).
5.–8. Rd: Jeweils 24 fM häkeln.
9. Rd: 23 fM häkeln. Mit 1 Km schließen.
Faden abschneiden und durchziehen.

Unterteil

Mit doppeltem Faden Catania in Weiß und Silber einen Magic-Ring anfertigen.
1. Rd: 6 fM in den Ring häkeln (= 6 M).
2. Rd: Jede fM verdoppeln (= 12 M).
3. Rd: Jede 2. fM verdoppeln (= 18 M).
4. Rd: Jede 3. fM verdoppeln (= 24 M).
5. Rd: Jede 4. fM verdoppeln (= 30 M).
6. Rd: 30 Relief-fM von hinten häkeln.
7. Rd: 30 fM häkeln.
8. Rd: Jede 9. und 10. fM zusammen abmaschen (= 27 M).
9. Rd: 27 fM häkeln.
10. Rd: Jede 8. und 9. fM zusammen abmaschen (= 24 M).
11. Rd: 24 fM häkeln.
12. Rd: 23 fM häkeln. Mit 1 Km schließen.
13. Rd (Lenja Soft Weiß): 23 fM häkeln. Mit 1 Km schließen.
Faden abschneiden und durchziehen.
In der 6. Rd in Lenja Soft in Weiß neu anschlingen.
In das „V" jeder Relief-fM der 6. Rd jeweils 1 fM arb (= 30 M).
Dann noch 1 Rd mit fM arb.
Faden abschneiden und durchziehen.

Haare

Mit Catania in Weiß einen Magic-Ring anfertigen.
1. Rd: 8 fM in den Ring häkeln. Mit 1 Km schließen (= 8 M).
Dann in jede fM der 1. Rd 2 Haarsträhnen arb, 4 kurze Strähnen für den Pony und 12 lange Strähnen für die Seiten und den Hinterkopf.
Für 4 kurze Strähnen * 5 Lm, 4 fM auf die Lm-Kette, 1 Km in die M der 1. Rd, ab * noch 3x wdh, dabei je 2 Strähnen in dieselbe M arb und nach 2 Strähnen mit 1 Km zur nächsten M wechseln.
Für 12 lange Strähnen * 11 Lm, 10 fM auf die Lm-Kette, 1 Km in die M der 1. Rd, ab * noch 11x wdh, dabei je 2 Strähnen in dieselbe M arb und nach 2 Strähnen mit 1 Km zur nächsten M wechseln. Faden lang abschneiden und durchziehen.

Flügel

Mit Lenja Soft in Weiß einen Magic-Ring anfertigen.
1. Rd: 3 Lm, 1 DStb, 1 Stb, 1 hStb, 2 Lm, 1 Km, 2 Lm, 1 hStb, 1 Stb, 1 DStb, 3 Lm in den Ring häkeln. Mit 1 Km in die oberste Lm schließen.
Faden lang abschneiden und durchziehen.

Haarband

Mit doppeltem Faden in Silber 40 Lm häkeln.

Fertigstellen

Die 8 M der 1. Rd der Haare auf dem Oberteil annähen. Die Strähnen flach und nebeneinander feststecken und dann das Haarband auf die Haare nähen. Den langen Faden der Flügel fest um die Mitte der Flügel wickeln und zusammenziehen. Dann die Flügel annähen. Die Perlen als Augen aufnähen. Den Mund in Rot aufsticken und etwas Rouge auftupfen. Ober- und Unterteil so an der Kapsel ankleben, dass der Verbindungssteg der Kapsel auf der Rückseite ist. Mit 4 Überwendlingsstichen Ober- und Unterteil über dem Steg zusammennähen. Alle Fäden vernähen.

MATERIAL

- Schachenmayr Catania (LL 125 m/50 g) in Weiß (Fb 106) und Soft Apricot (Fb 263), je 50 g
- Schachenmayr Baby Smiles Lenja Soft (LL 85 m/25 g) in Weiß (Fb 1001), Rest
- Woolly Hugs Beilaufgarn (LL 1000 m/25 g) in Silber (Fb 301), Rest
- Häkelnadel 3,0 mm
- 2 Perlen in Schwarz, ø 4 mm
- Stickgarn in Rot, Rest
- Heißkleber
- Rouge

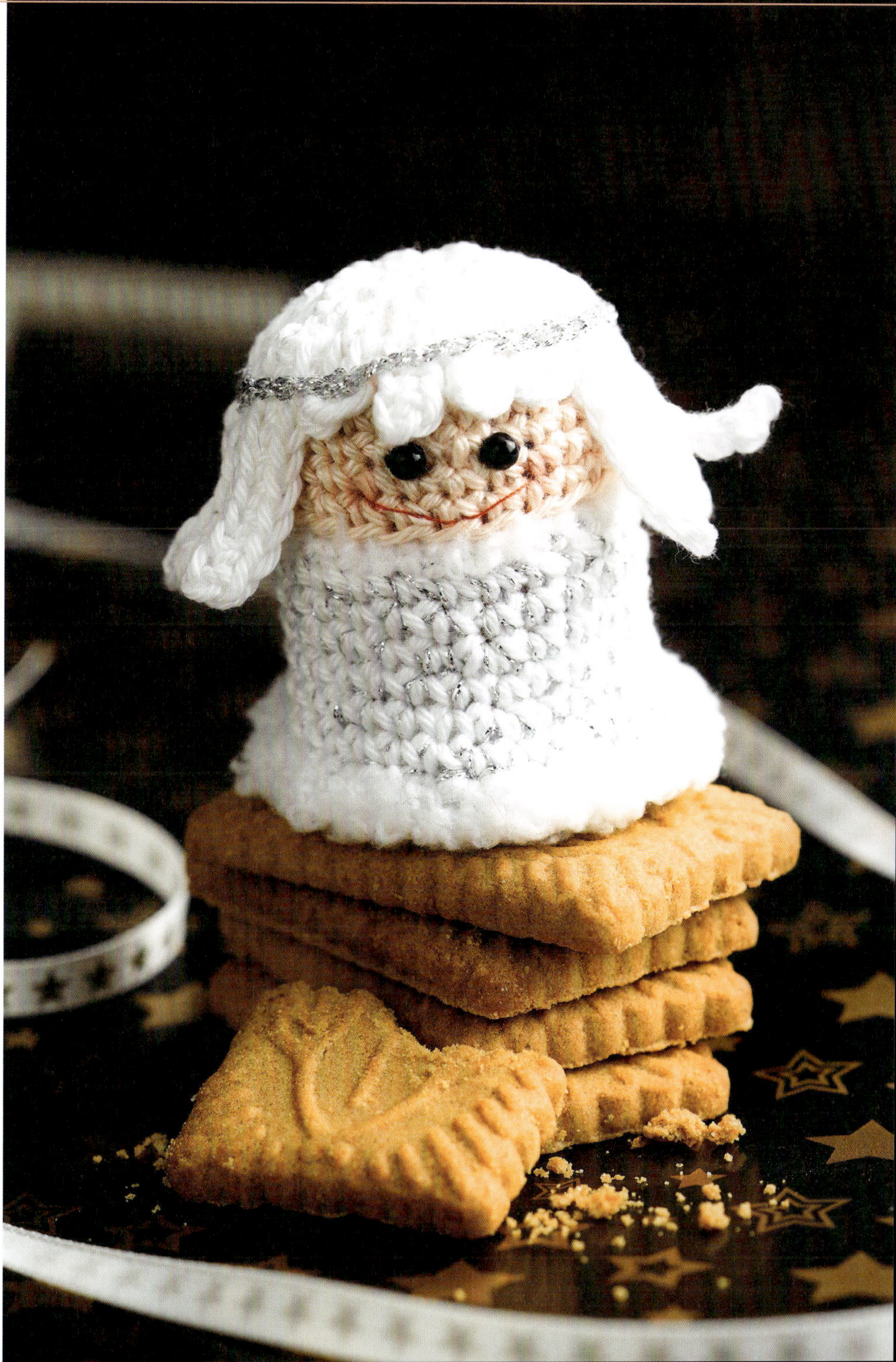

Fleißiger Nikolaus

bringt Geschenke direkt nachhaus'

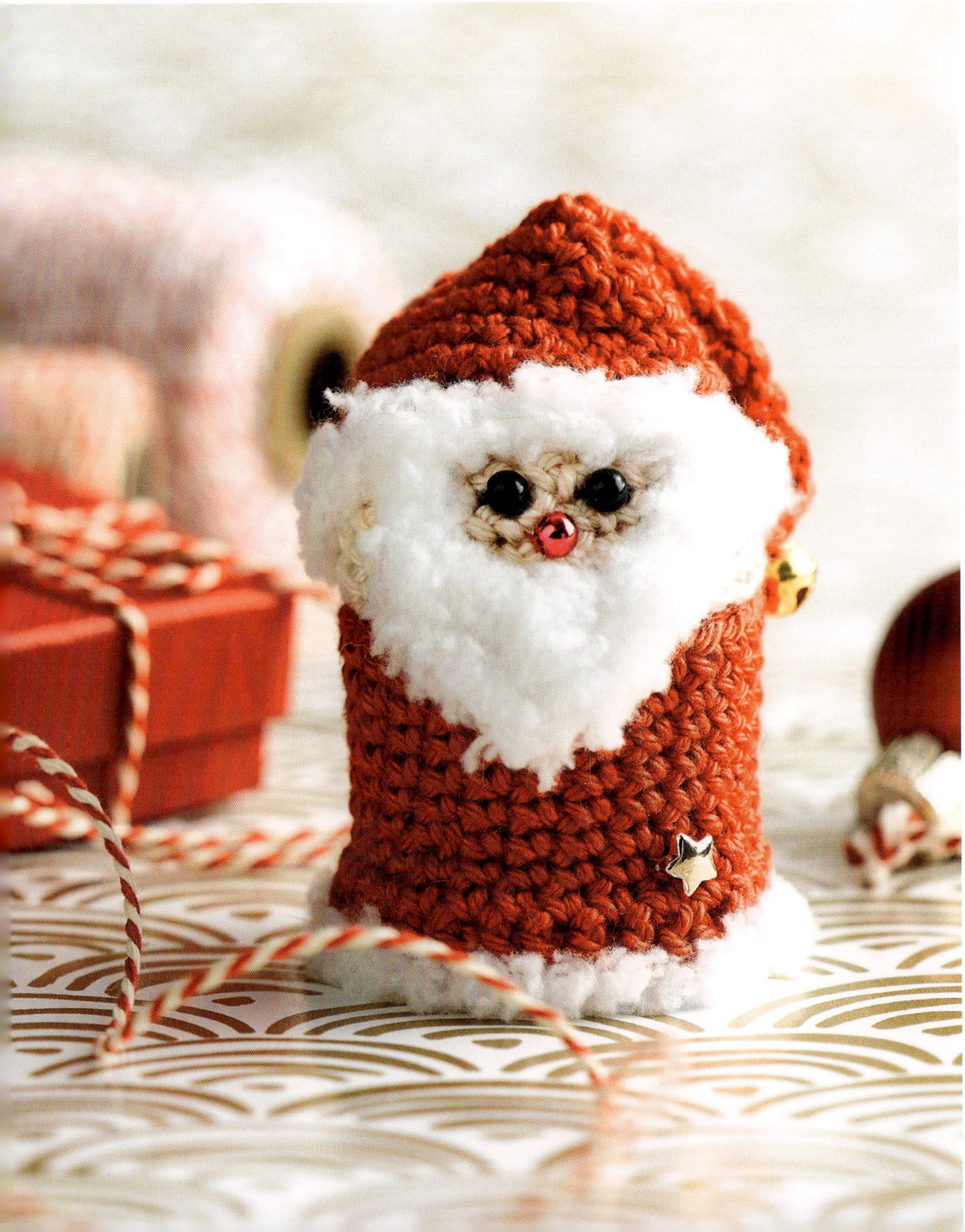

MATERIAL

- Schachenmayr Catania (LL 125 m/50 g) in Signalrot (Fb 115) und Soft Apricot (Fb 263), je 50 g
- Schachenmayr Baby Smiles Lenja Soft (LL 85 m/25 g) in Weiß (Fb 1001), Rest
- Häkelnadel 3,0 mm
- 2 Perlen in Schwarz, ø 4 mm
- Perle in Rot, ø 4 mm
- Glöckchen in Gold, ø 8 mm
- Stern in Gold, ø 6 mm
- Heißkleber

Anleitung

Alle Teile mit Ausnahme des Bartes werden in Spiral-Rd gearbeitet.

Oberteil

In Soft Apricot einen Magic-Ring anfertigen.

1. Rd: 6 fM in den Ring häkeln (= 6 M).
2. Rd: Jede fM verdoppeln (= 12 M).
3. Rd: Jede 2. fM verdoppeln (= 18 M).
4. Rd: Jede 3. fM verdoppeln (= 24 M).
5.-8. Rd: Jeweils 24 fM häkeln.
9. Rd: 23 fM häkeln. Mit 1 Km schließen.
Faden abschneiden und durchziehen.

Unterteil

In Signalrot einen Magic-Ring anfertigen.

1. Rd: 6 fM in den Ring häkeln (= 6 M).
2. Rd: Jede fM verdoppeln (= 12 M).
3. Rd: Jede 2. fM verdoppeln (= 18 M).
4. Rd: Jede 3. fM verdoppeln (= 24 M).
5. Rd: Jede 4. fM verdoppeln (= 30 M).
6. Rd: 30 Relief-fM von hinten häkeln.
7. Rd: 30 fM häkeln.
8. Rd: Jede 9. und 10. fM zusammen abmaschen (= 27 M).
9. Rd: 27 fM häkeln.
10. Rd: Jede 8. und 9. fM zusammen abmaschen (= 24 M).
11. Rd: 24 fM häkeln.
12. Rd: 23 fM häkeln. Mit 1 Km schließen.
Faden abschneiden und durchziehen.
In der 6. Rd in Weiß neu anschlingen. In das „V" jeder Relief-fM der 6. Rd jeweils 1 fM arb (= 30 M).
Faden abschneiden und durchziehen.

Mütze

In Signalrot 26 Lm anschl und mit 1 Km zur Rd schließen.

1.+2. Rd: Jeweils 26 fM häkeln (= 26 M).
3. Rd: Jede 12. und 13. fM zusammen abmaschen (= 24 M).
4. Rd: Jede 11. und 12. fM zusammen abmaschen (= 22 M).
5. Rd: Jede 10. und 11. fM zusammen abmaschen (= 20 M).
6. Rd: Jede 9. und 10. fM zusammen abmaschen (= 18 M).
7. Rd: Jede 8. und 9. fM zusammen abmaschen (= 16 M).
8. Rd: Jede 7. und 8. fM zusammen abmaschen (= 14 M).
9. Rd: Jede 6. und 7. fM zusammen abmaschen (= 12 M).
10. Rd: 12 fM häkeln.
11. Rd: Jede 5. und 6. fM zusammen abmaschen (= 10 M).
12. Rd: 10 fM häkeln.
13. Rd: Jede 4. und 5. fM zusammen abmaschen (= 8 M).
14. Rd: 8 fM häkeln.
15. Rd: Jede 3. und 4. fM zusammen abmaschen (= 6 M).
16. Rd: 6 fM häkeln.
17. Rd: Jeweils 2 fM zusammen abmaschen (= 3 M).
Faden lang abschneiden und durchziehen.
Die Mütze umdrehen. Auf der Unterseite der Anfangs-Lm-Kette in Weiß neu anschlingen und in die Querrippen der Anfangs-Lm-Kette einen Rand arb wie folgt.
1.+2. Rd (Weiß): Jeweils 26 fM häkeln.
Faden lang abschneiden und durchziehen.

Bart

In Weiß 14 Lm anschl.

1. R: Ab der 2. Lm ab Nd 3 fM, 1 hStb, 1 Stb, 1 DStb, 1 Lm, 1 Km in das DStb, 1 DStb, 1 hStb, 1 Stb, 1 hStb, 3 fM häkeln (= 13 M).
Faden lang abschneiden und durchziehen.

Fertigstellen

Die Mütze an das Oberteil nähen, die Spitze zur Seite klappen und an der Krempe festnähen. Das Glöckchen an die Spitze und den Stern an das Unterteil nähen. Den Bart so annähen, dass er bis zum Rand der Mütze reicht. Die Perlen als Augen und Nase annähen. Ober- und Unterteil so an der Kapsel ankleben, dass der Verbindungssteg der Kapsel auf der Rückseite ist. Mit 4 Überwendlingsstichen Ober- und Unterteil über dem Steg zusammennähen. Alle Fäden vernähen.

Weihnachts-Wichtelin

hilft, die Geschenke zu verteilen

Anleitung

Alle Teile werden in Spiral-Rd gearbeitet.

Oberteil

In Soft Apricot einen Magic-Ring anfertigen.

1. Rd: 6 fM in den Ring häkeln (= 6 M).
2. Rd: Jede fM verdoppeln (= 12 M).
3. Rd: Jede 2. fM verdoppeln (= 18 M).
4. Rd: Jede 3. fM verdoppeln (= 24 M).
5.-8. Rd: Jeweils 24 fM häkeln.
9. Rd: 23 fM häkeln. Mit 1 Km schließen.
Faden abschneiden und durchziehen.

Unterteil

In Smaragd einen Magic-Ring anfertigen.

1. Rd: 6 fM in den Ring häkeln (= 6 M).
2. Rd: Jede fM verdoppeln (= 12 M).
3. Rd: Jede 2. fM verdoppeln (= 18 M).
4. Rd: Jede 3. fM verdoppeln (= 24 M).
5.-11. Rd: Jeweils 24 fM häkeln.
12. Rd: 23 fM häkeln. Mit 1 Km schließen.
Faden abschneiden und durchziehen.
13. Rd (Signalrot): 24 Relief-fM von hinten häkeln, mit 1 Km in die 1. M schließen.
Für die Zackenkante das Teil um 180° drehen (die Rundung ist jetzt oben) und weiterhäkeln.
14. Rd: * (1 fM, 1 Lm, 1 Km in die fM) in 1 M, 1 Km, ab * noch 11x wdh.
Faden abschneiden und durchziehen.
Das Unterteil nochmals drehen, die Rundung ist wieder unten. In der 12. Rd in Weiß neu anschlingen und 24 fM häkeln.
Faden abschneiden und durchziehen.

Mütze

In Smaragd 27 Lm anschl und mit 1 Km zur Rd schließen.

1.-3. Rd: Jeweils 27 fM häkeln (= 27 M).
4. Rd: Jede 8. und 9. fM zusammen abmaschen (= 24 M).
5. Rd: Jede 5. und 6. fM zusammen abmaschen (= 20 M).
6. Rd: Jede 4. und 5. fM zusammen abmaschen (= 16 M).
7. Rd: Jede 3. und 4. fM zusammen abmaschen (= 12 M).
8. Rd: Jede 2. und 3. fM zusammen abmaschen (= 8 M).
9. Rd: 8 fM häkeln.
10. Rd: Jeweils 2 fM zusammen abmaschen (= 4 M).
Faden lang abschneiden und durchziehen.
Nun die Mütze drehen und in der Anfangs-Lm-Kette in Weiß neu anschlingen.
11. Rd: fM häkeln, dabei jede 3. fM verdoppeln (= 36 M).
Faden lang abschneiden und durchziehen.

Blüte

In Signalrot einen Magic-Ring anfertigen.

1. Rd: * 1 fM, 1 Lm, 1 Km in die fM, in den Ring häkeln, ab * noch 5x wdh.
Faden lang abschneiden und durchziehen.

Zöpfe (2x)

6 Fäden von 15 cm Länge mittig zusammenknoten. Der Knoten ist das obere Ende des Zopfs. Von hier ausgehend aus den 12 Fäden 3 Stränge mit je 4 Fäden bilden und einen Zopf flechten. Das Ende des Zopfs in Signalrot umwickeln.
Den 2. Zopf ebenso flechten.

Fertigstellen

Die Blüte auf die Mütze und die Mütze am Oberteil festnähen. Die Perlen und das Glöckchen aufnähen. Für die Nase in Soft-Apricot im Schlingenstich mehrfach um 2 M stechen, dass sich die Nase leicht vom Gesicht abhebt. Den Mund in Rot aufsticken. Rouge mit einem Wattestäbchen auf die Wangen auftupfen. Ober- und Unterteil so an der Kapsel ankleben, dass der Verbindungssteg der Kapsel auf der Rückseite ist. Mit 4 Überwendlingsstichen Ober- und Unterteil über dem Steg zusammennähen. Alle Fäden vernähen.

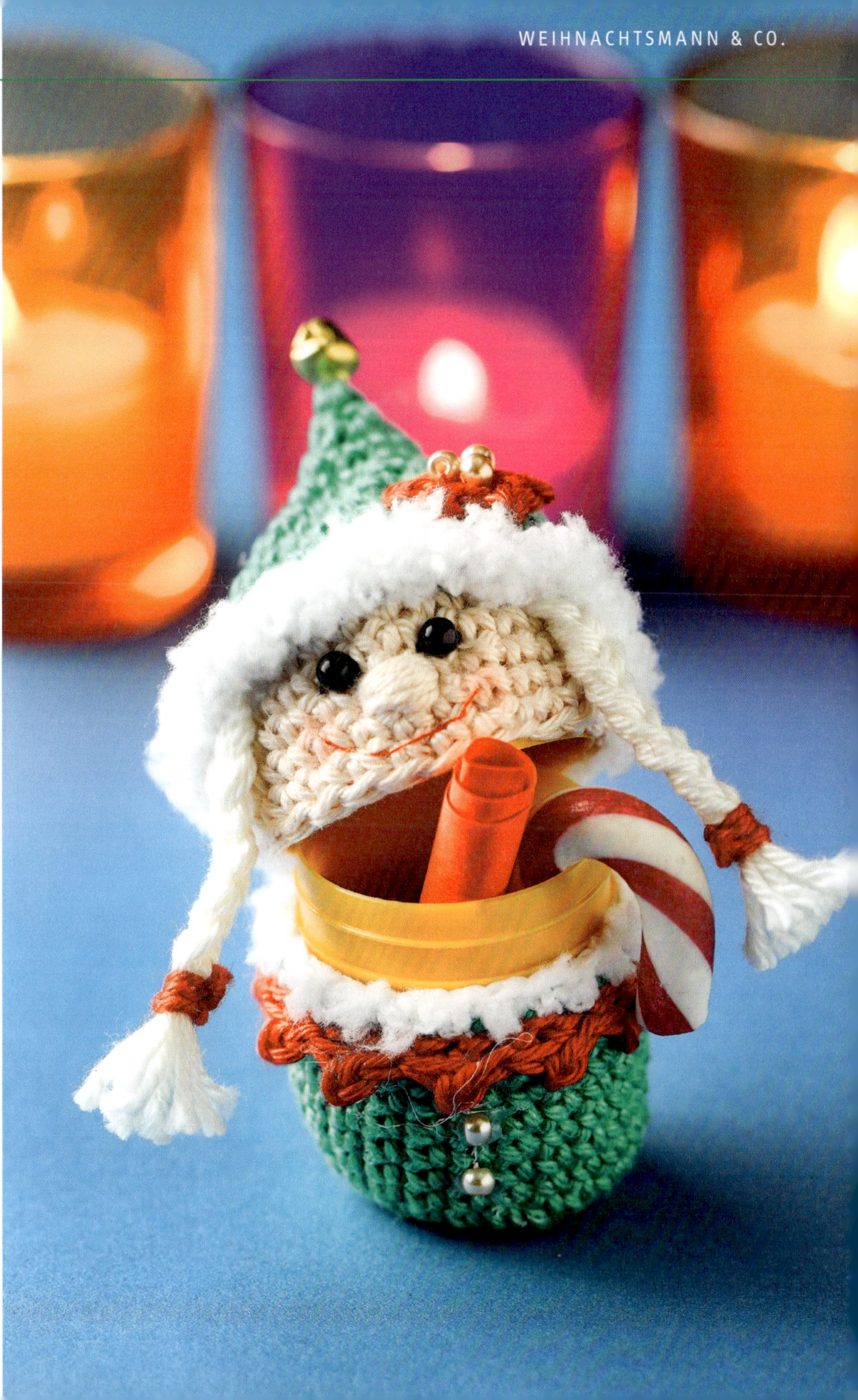

MATERIAL

- Schachenmayr Catania (LL 125 m/50 g) in Smaragd (Fb 430) und Soft Apricot (Fb 263), je 50 g, in Natur (Fb 105) und Signalrot (Fb 115), Reste
- Schachenmayr Baby Smiles Lenja Soft (LL 85 m/25 g) in Weiß (Fb 1001), Rest
- Häkelnadel 3,0 mm
- 2 Perlen in Schwarz, ø 4 mm
- 5 Perlen in Gold, ø 3 mm
- Glöckchen in Gold, ø 8 mm
- Stickgarn in Rot
- Rouge
- Heißkleber

Prachtvolles Geschenk

Was mag da wohl drin sein?

Anleitung

Alle Teile mit Ausnahme der Bänder werden in Spiral-Rd gearbeitet.

Oberteil

Mit doppeltem Faden in Weiß und Silber einen Magic-Ring anfertigen.
1. Rd: 6 fM in den Ring häkeln (= 6 M).
2. Rd: Jede fM verdoppeln (= 12 M).
3. Rd: Jede 2. fM verdoppeln (= 18 M).
4. Rd: Jede 3. fM verdoppeln (= 24 M).
5.–8. Rd: 24 fM häkeln.
9. Rd: 23 fM, 1 Km.
Faden abschneiden und durchziehen.

Unterteil

Mit doppeltem Faden in Weiß und Silber einen Magic-Ring anfertigen.
1. Rd: 6 fM in den Ring häkeln (= 6 M).
2. Rd: Jede fM verdoppeln (= 12 M).
3. Rd: Jede 2. fM verdoppeln (= 18 M).
4. Rd: Jede 3. fM verdoppeln (= 24 M).
5.–11. Rd: Jeweils 24 fM häkeln.
12. Rd: 23 fM häkeln. Mit 1 Km schließen.
Faden abschneiden und durchziehen.

Band 1

In Weinrot 41 Lm anschl.
1. R: Ab der 2. Lm ab Nd 40 fM häkeln, dabei nicht in das V, sondern in das Knötchen an der Unterseite der Lm-Kette stechen.
Faden lang abschneiden und durchziehen.

Band 2

In Weinrot 25 Lm anschl.
1. R: Ab der 2. Lm ab Nd 24 fM häkeln, dabei nicht in das V, sondern in das Knötchen an der Unterseite der Lm-Kette stechen.
Faden lang abschneiden und durchziehen.

Band 3

In Weinrot 17 Lm anschl.
1. R: Ab der 2. Lm ab Nd 16 fM häkeln, dabei nicht in das V, sondern in das Knötchen an der Unterseite der Lm-Kette stechen.
Faden lang abschneiden und durchziehen.

Band 4

In Weinrot 41 Lm anschl.
1. R: Ab der 2. Lm ab Nd 40 fM häkeln, dabei nicht in das V, sondern in das Knötchen an der Unterseite der Lm-Kette stechen.
Faden lang abschneiden und durchziehen.

Fertigstellen

Ober- und Unterteil so an der Kapsel ankleben, dass der Verbindungssteg der Kapsel auf der Rückseite ist. Mit 4 Überwendlingsstichen Ober- und Unterteil über dem Steg zusammennähen.
Damit sich die Kapsel öffnen lässt, die Bänder wie folgt befestigen:
Band 1 in der vorderen Mitte der 9. Rd des Oberteils feststecken. Nach oben über das Oberteil und hinten über den Steg führen. Weiter am Unterteil über den Boden und vorne bis zur Mitte der 12. Rd des Unterteils führen und feststecken. Anfang und Ende des Bands sollten sich fast berühren.
Band 2 im rechten Winkel zu Band 1 um das Unterteil führen: Seitlich in der 12. Rd des Unterteils feststecken und über die Mitte des Bodens bis zur gegenüberliegenden Seite der 12. Rd führen und feststecken.
Band 3 im rechten Winkel zu Band 1 um das Oberteil führen: Seitlich in der 9. Rd des Oberteils feststecken und über die Mitte des Oberteils bis zur gegenüberliegenden Seite der 9. Rd führen und feststecken.
Nun kontrollieren, dass die Enden des 2. und 3. Bandes sich fast berühren und am Oberteil und Unterteil Band 1 exakt kreuzen. Danach alle Bänder festnähen.
Aus Band 4 eine Schleife binden und in der vorderen Mitte am Oberteil festnähen. Alle Fäden vernähen.

MATERIAL

- Schachenmayr Catania (LL 125 m/50 g) in Weiß (Fb 106), 50 g, in Weinrot (Fb 192), Rest
- Woolly Hugs Beilaufgarn (LL 1000 m/25 g) in Silber (Fb 301), Rest
- Häkelnadel 3,0 mm
- Heißkleber

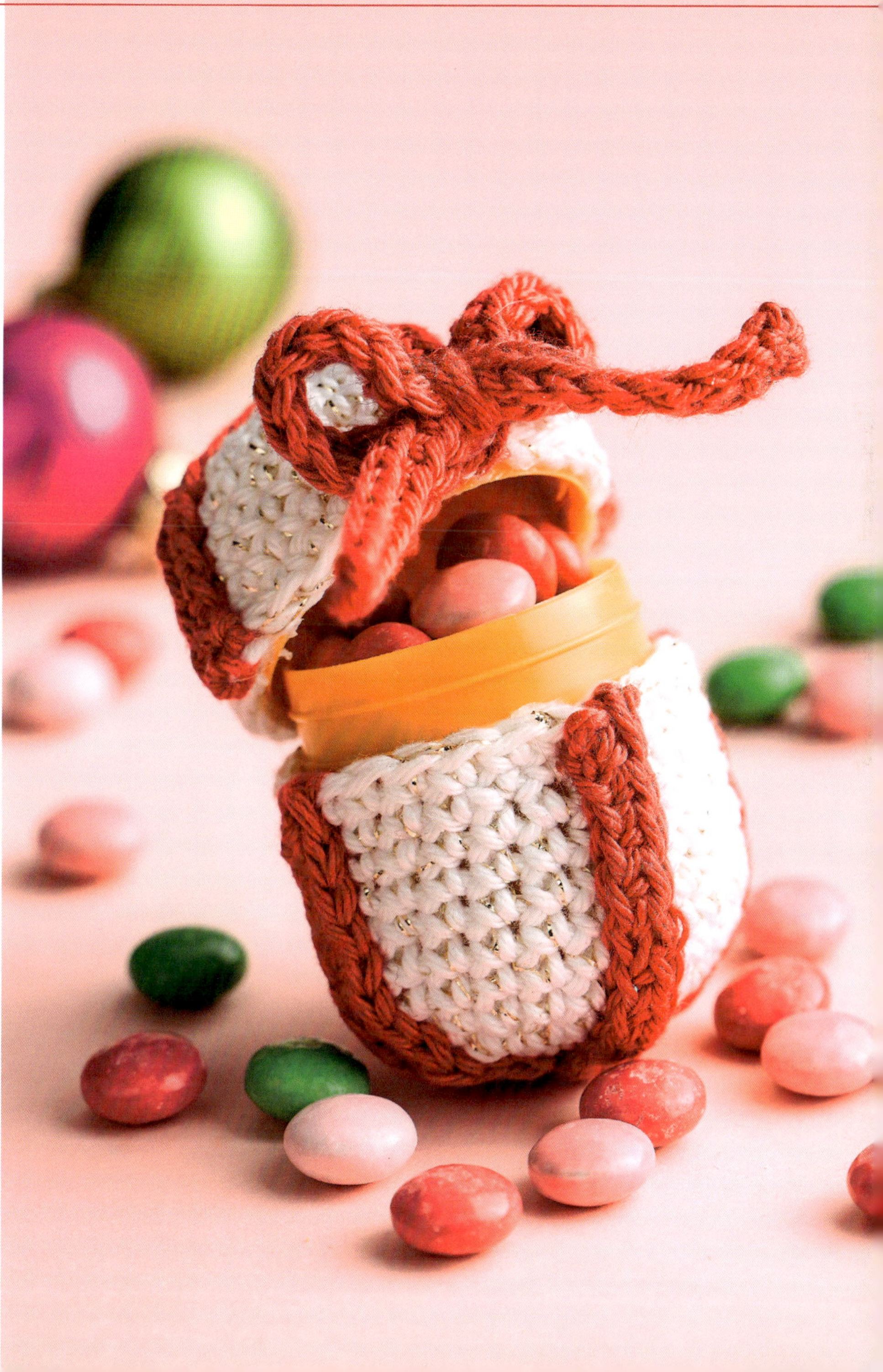

Frecher Wichtel

perfekt als Weihnachtsdeko

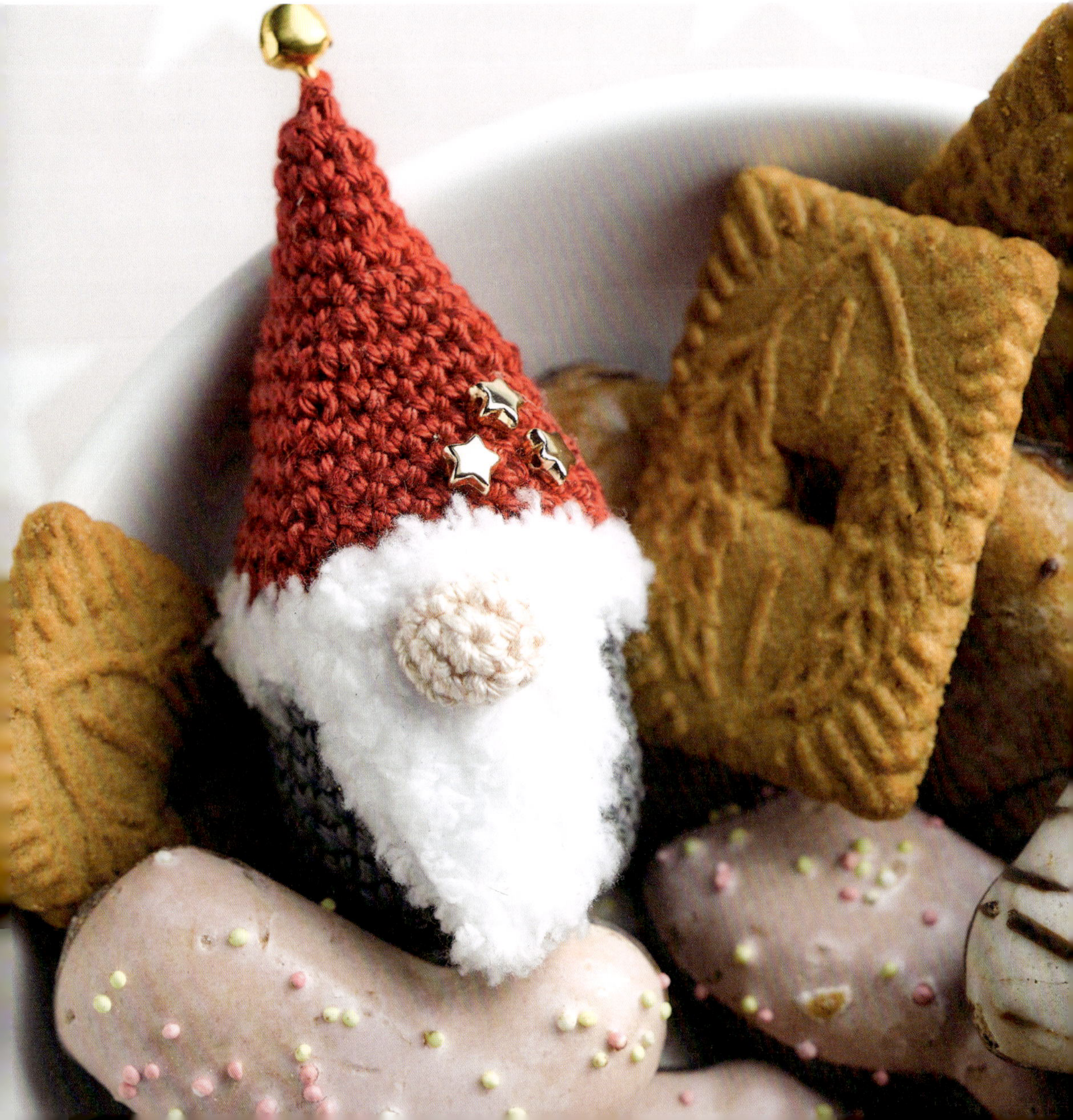

MATERIAL

- Schachenmayr Catania (LL 125 m/50 g) in Weinrot (Fb 192) und Stein (Fb 242), je 50 g, in Soft Apricot (Fb 263), Rest
- Schachenmayr Baby Smiles Lenja Soft (LL 85 m/25 g) in Weiß (Fb 1001), Rest
- Häkelnadel 3,0 mm
- 3 Sterne in Gold, ø 6 mm
- Glöckchen in Gold, ø 8 mm
- Heißkleber

Anleitung

Alle Teile mit Ausnahme des Barts werden in Spiral-Rd gearbeitet.

Oberteil

In Weinrot 30 Lm anschl und mit 1 Km zur Rd schließen.

1. Rd: 30 fM häkeln (= 30 M).

2. Rd: Jede 9. und 10. fM zusammen abmaschen (= 27 M).

3. Rd: Jede 8. und 9. fM zusammen abmaschen (= 24 M).

4.+5. Rd: Jeweils 24 fM häkeln.

6. Rd: Jede 7. und 8. fM zusammen abmaschen (= 21 M).

7. Rd: Jede 6. und 7. fM zusammen abmaschen (= 18 M).

8. Rd: Jede 5. und 6. fM zusammen abmaschen (= 15 M).

9. Rd: Jede 4. und 5. fM zusammen abmaschen (= 12 M).

10. Rd: 12 fM häkeln.

11. Rd: Jede 3. und 4. fM zusammen abmaschen (= 9 M).

12. Rd: 9 fM häkeln.

13. Rd: Jede 2. und 3. fM zusammen abmaschen (= 6 M).

Faden lang abschneiden und durchziehen. Das Oberteil drehen und in der Anfangs-Lm-Kette in Weiß neu anschlingen.

14.+15. Rd: Jeweils 30 fM häkeln.

Faden lang abschneiden und durchziehen.

Unterteil

In Stein einen Magic-Ring anfertigen.

1. Rd: 6 fM in den Ring häkeln (= 6 M).

2. Rd: Jede fM verdoppeln (= 12 M).

3. Rd: Jede 2. fM verdoppeln (= 18 M).

4. Rd: Jede 3. fM verdoppeln (= 24 M).

5.-11. Rd: Jeweils 24 fM häkeln.

12. Rd: 23 fM häkeln. Mit 1 Km schließen.

Faden abschneiden und durchziehen.

Bart

In Weiß 11 Lm anschl. Weiter in R häkeln, am Ende jeder R 1 Wende-Lm arb.

1. R: Ab der 2. Lm ab Nd 10 fM häkeln (= 10 M).

2. R: 2 fM zusammen abmaschen, 6 fM, 2 fM zusammen abmaschen (= 8 M).

3. R: 2 fM zusammen abmaschen, 4 fM, 2 fM zusammen abmaschen (= 6 M).

4. R: 2 fM zusammen abmaschen, 2 fM, 2 fM zusammen abmaschen (= 4 M).

5. R: Jeweils 2 fM zusammen abmaschen (= 2 M).

6. R: 2 fM häkeln.

7. R: 2 fM zusammen abmaschen (= 1 M).

Faden lang abschneiden und durchziehen.

Nase

In Soft-Apricot einen Magic-Ring anfertigen.

1. Rd: 6 fM in den Ring häkeln (= 6 M).

2. Rd: Jede 3. fM verdoppeln (= 8 M).

3. Rd: 8 fM häkeln.

4. Rd: Jede 2. und 3. fM zusammen abmaschen (= 6 M).

Faden lang abschneiden und durchziehen.

Fertigstellen

Den Bart an den unteren Rand des Oberteils annähen. Die Nase auf den Bart nähen. Die Sterne und das Glöckchen aufnähen. Ober- und Unterteil so an der Kapsel ankleben, dass der Verbindungssteg der Kapsel auf der Rückseite ist. Mit 4 Überwendlingsstichen Ober- und Unterteil über dem Steg zusammennähen. Alle Fäden vernähen.

Festlicher Tannenbaum

schön geschmückt

Anleitung

Alle Teile mit Ausnahme des Oberteils werden in Spiral-Rd gearbeitet.

Oberteil

In Moos 36 Lm anschl und mit 1 Km zur Rd schließen.
Weiter in geschlossenen Rd arb, dabei jede Rd mit 1 Steige-Lm beginnen und mit 1 Km in die Steige-Lm schließen.
1. Rd: 36 fM häkeln.
2. Rd: Jede 11. und 12. fM zusammen abmaschen (= 33 M).
3. Rd: Relief-fM von hinten häkeln, dabei jede 10. und 11. Relief-fM zusammen abmaschen (= 30 M).
4. Rd: 30 fM häkeln.
5. Rd: Jede 9. und 10. fM zusammen abmaschen (= 27 M).
6. Rd: Relief-fM von hinten häkeln, dabei jede 8. und 9. Relief-fM zusammen abmaschen (= 24 M).
7. Rd: 24 fM häkeln.
8. Rd: Jede 7. und 8. fM zusammen abmaschen (= 21 M).
9. Rd: Relief-fM von hinten häkeln, dabei jede 6. und 7. Relief-fM zusammen abmaschen (= 18 M).
10. Rd: 18 fM häkeln.
11. Rd: Jede 5. und 6. fM zusammen abmaschen (= 15 M).
12. Rd: Relief-fM von hinten häkeln, dabei jede 4. und 5. Relief-fM zusammen abmaschen (= 12 M).
13. Rd: 12 fM häkeln.
14. Rd: Jede 3. und 4. fM zusammen abmaschen (= 9 M).
15. Rd: 9 Relief-fM von hinten häkeln.
16. Rd: Jede 2. und 3. fM zusammen abmaschen (= 6 M).
Faden abschneiden und durchziehen.
Damit das Oberteil etwas größer als das Unterteil wird, nun noch einen kleinen Rand häkeln. Dafür das Oberteil um 180° drehen, die Spitze zeigt nach unten. In der 1. M der Anfangs-Lm-Kette in Moos neu anschlingen.
17. Rd: Relief-fM von hinten häkeln, dabei jede 5. und 6. Relief-fM zusammen abmaschen (= 30 M).
18. Rd: Weiter fM häkeln, jede 4. und 5. fM zusammen abmaschen (= 24 M).
Faden abschneiden und durchziehen.

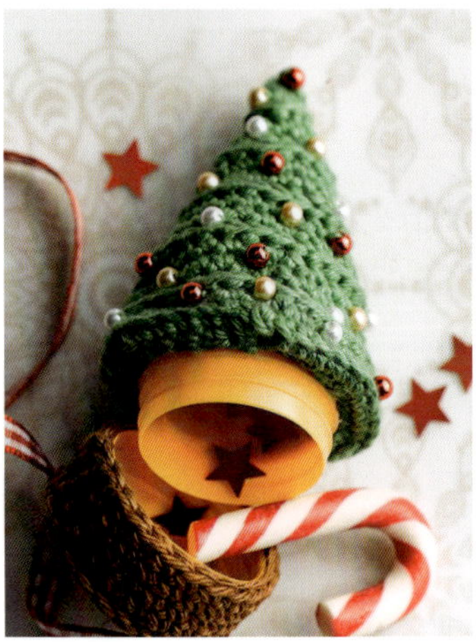

Unterteil

In Marone einen Magic-Ring anfertigen.
1. Rd: 6 fM in den Ring häkeln (= 6 M).
2. Rd: Jede fM verdoppeln (= 12 M).
3. Rd: Jede 2. fM verdoppeln (= 18 M).
4. Rd: Jede 3. fM verdoppeln (= 24 M).
5. Rd: 24 fM häkeln.
6. Rd: 24 Relief-fM von hinten häkeln.
7.-11. Rd: Jeweils 24 fM häkeln.
12. Rd: 23 fM häkeln. Mit 1 Km schließen.
Faden abschneiden und durchziehen.

Fertigstellen

Die Perlen auf das Oberteil nähen. Das Oberteil auf die größere Hälfte der Kapsel kleben, das Unterteil auf die kleinere Hälfte kleben, dabei darauf achten, dass der Verbindungssteg der Kapsel auf der Rückseite ist. Mit 4 Überwendlingsstichen Ober- und Unterteil über dem Steg zusammennähen. Alle Fäden vernähen.

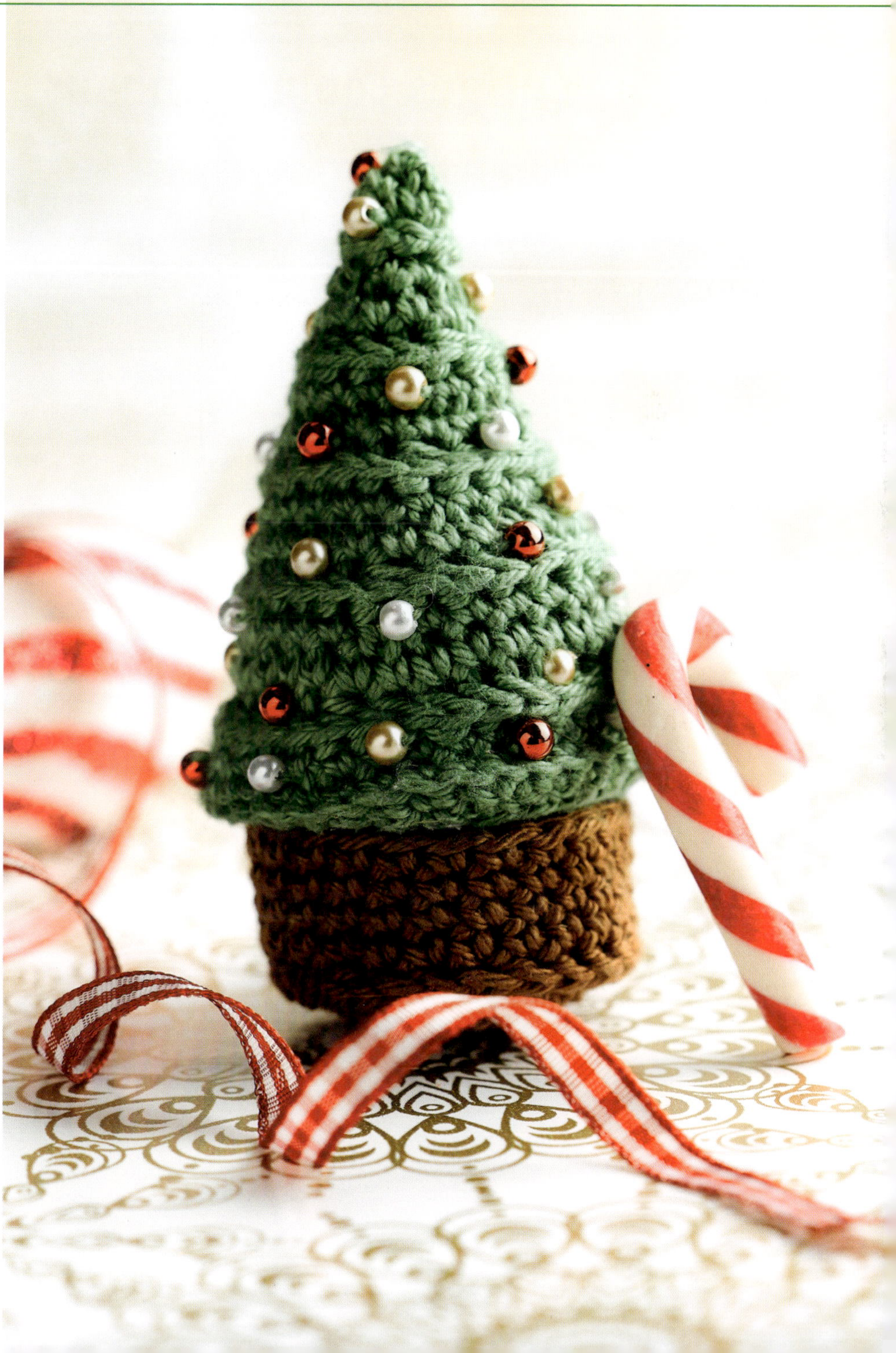

MATERIAL

- Schachenmayr Catania (LL 125 m/50 g) in Marone (Fb 157) und Moos (Fb 412), je 50 g
- Häkelnadel 3,0 mm
- 15 Perlen in Gold, ø 4 mm
- 13 Perlen in Rot, ø 4 mm
- 13 Perlen in Weiß, ø 4 mm
- Heißkleber

Knuspriges Lebkuchenhaus

zum Anknabbern süß

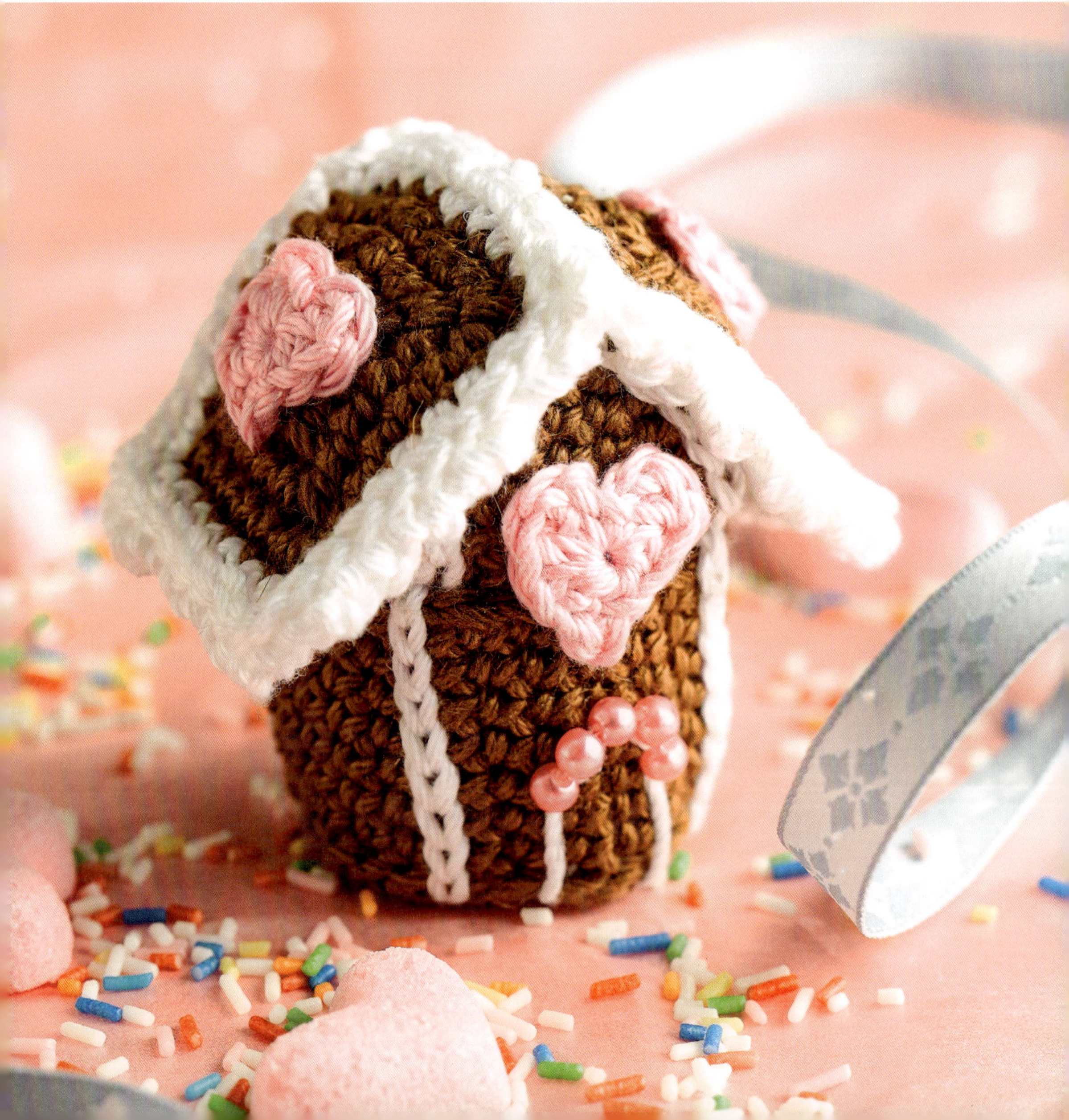

MATERIAL

- Schachenmayr Catania (LL 125 m/50 g) in Marone (Fb 157) 50 g, in Weiß (Fb 106) und Orchidee (Fb 222), Reste
- Häkelnadel 3,0 mm
- 5 Perlen in Rosa, ø 4 mm
- Heißkleber

Anleitung

Alle Teile mit Ausnahme des Dachs werden in Spiral-Rd gearbeitet.

Oberteil

In Marone 24 Lm anschl und mit 1 Km zur Rd schließen.
1.-5. Rd: Jeweils 24 fM häkeln.
6. Rd: * 6 fM, 2 fM zusammen abmaschen, 2 fM, 2 fM zusammen abmaschen, ab * noch 1x wdh (= 20 M).
7. Rd: * 6 fM, 2x 2 fM zusammen abmaschen, ab * noch 1x wdh (= 16 M).
6. Rd: * 6 fM, 2 fM zusammen abmaschen, ab * noch 1x wdh (= 14 M).
Faden abschneiden und durchziehen.

Unterteil

In Marone einen Magic-Ring anfertigen.
1. Rd: 6 fM in den Ring häkeln (= 6 M).
2. Rd: Jede fM verdoppeln (= 12 M).
3. Rd: Jede 2. fM verdoppeln (= 18 M).
4. Rd: Jede 3. fM verdoppeln (= 24 M).
Weiter in geschlossenen Rd arb. Jede Rd mit 1 Steige-Lm beginnen und 1 Km schließen, diese M werden nicht gezählt.
6. Rd: 24 Relief-fM von hinten häkeln.
7.-11. Rd: Jeweils 24 fM häkeln.
12. Rd: 23 fM häkeln. Mit 1 Km schließen.
Faden abschneiden und durchziehen.

Dach (2x)

In Marone einen Magic-Ring anfertigen.
1. Rd: 8 hStb in den Ring häkeln und mit 1 Km zur Rd schließen (= 8 M).
Weiter in geschlossenen Rd arb, dabei zu Beginn jeder Rd 1 Steige-Lm häkeln, am Ende jeder Rd mit 1 Km schließen.
2. Rd: * 1 fM, (1 fM, 1 Lm, 1 fM) in 1 M, ab * noch 3x wdh (= 16 M).
3. Rd: 2 fM, (1 fM, 1 Lm, 1 fM) in 1 M, * 3 fM, (1 fM, 1 Lm, 1 fM) in 1 M, ab * noch 2x wdh, 1 fM (= 24 M).
4. Rd: 3 fM, (1 fM, 1 Lm, 1 fM) in 1 M, * 5 fM, (1 fM, 1 Lm, 1 fM) in 1 M, ab * noch 2x wdh, 2 fM (= 32 M).
Faden abschneiden und durchziehen.
5. Rd (Weiß): 4 fM, (1 fM, 1 Lm, 1 fM) in 1 M, * 7 fM, (1 fM, 1 Lm, 1 fM) in 1 M, ab * noch 2x wdh, 3 fM (= 40 M).
Faden lang abschneiden und durchziehen.
Das 2. Dachteil ebenso häkeln.

Dach umhäkeln

Beide Dachteile am First zusammennähen. In Weiß in 1 M an einer offenen Kante neu anschlingen und die 6 restlichen Seiten wie folgt umhäkeln: In jede M 1 Relief-Km von hinten und 2 Lm häkeln. Faden abschneiden und durchziehen.

Herz (3x)

In Orchidee einen Magic-Ring anfertigen.
In den Ring häkeln: 2 fM, 1 hStb, 1 Stb, 2 Lm, 1 Km, 2 Lm, 1 Stb, 1 hStb, 1 fM. [1 fM, 1 Lm, 1 Km in die fM = Spitze] mit 1 Km in die 1. fM schließen.
Noch 2 weitere Herzen ebenso häkeln.

Fertigstellen

Das Oberteil zusammennähen. Dafür die 1. mit der 14. M, die 2. mit der 13. M usw. zusammennähen, dass ein Giebel entsteht. Auf dem Dach 2 Herzen aufnähen. Das Dach auf dem Giebel aufnähen. Auf dem Unterteil in Weiß 4x 9 Km als Kanten aufhäkeln. Ober- und Unterteil so an der Kapsel ankleben, dass der Verbindungssteg der Kapsel auf der Rückseite ist. Mit 4 Überwendlingsstichen Ober- und Unterteil über dem Steg zusammennähen. Das 3. Herz in den Giebel nähen. Mit Weiß die Tür aufsticken und die Perlen aufnähen. Alle Fäden vernähen.

Festliche Kerze

mit grünem Kranz

MATERIAL

- Schachenmayr Catania (LL 125 m/50 g) in Weiß (Fb106) und Khaki (Fb 212), je 50 g, in Sonne (Fb 208), Rest
- Häkelnadel 3,0 mm
- 7 Sterne in Gold, ø 4 mm
- 11 Perlen in Bordeaux, ø 3 mm
- Füllwatte, Rest
- Heißkleber

Anleitung

Alle Teile werden in Spiral-Rd gearbeitet.

Oberteil

In Weiß einen Magic-Ring anfertigen.
1. Rd: 6 fM in den Ring häkeln (= 6 M).
2. Rd: Jede fM verdoppeln (= 12 M).
3. Rd: Jede 2. fM verdoppeln (= 18 M).
4. Rd: Jede 3. fM verdoppeln (= 24 M).
5. Rd: 24 fM in die hinteren M-Glieder häkeln.
6.-9. Rd: Jeweils 24 fM häkeln.
10. Rd: 23 fM häkeln. Mit 1 Km schließen.
Faden abschneiden und durchziehen.

Unterteil

In Khaki einen Magic-Ring anfertigen.
1. Rd: 6 fM in den Ring häkeln (= 6 M).
2. Rd: Jede fM verdoppeln (= 12 M).
3. Rd: Jede 2. fM verdoppeln (= 18 M).
4. Rd: Jede 3. fM verdoppeln (= 24 M).
5. Rd: 24 fM in die vorderen M-Glieder häkeln.
6. Rd: Jede 4. fM verdoppeln (= 30 M).
7. Rd: Jede 5. fM verdoppeln (= 36 M).
8. Rd: Jede 6. fM verdoppeln (= 42 M).
9.+10. Rd: Jeweils 42 fM häkeln.
11. Rd: Jede 6. und 7. fM zusammen abmaschen (= 36 M).
12. Rd: Jede 5. und 6. fM zusammen abmaschen (= 30 M).
13. Rd: Jede 4. und 5. fM zusammen abmaschen (= 24 M).
14. Rd: 24 fM gleichzeitig in die M der 13. Rd und in die hinteren M-Glieder der 5. Rd arb. Dabei jeweils nach 6 M den entstandenen Ring leicht mit Füllwatte ausstopfen.
Faden abschneiden und durchziehen.
In Weiß neu anschlingen.
15.-20. Rd: Jeweils 24 fM häkeln.
21. Rd: 23 fM häkeln. Mit 1 Km schließen.
Faden abschneiden und durchziehen.

Flamme

In Sonne einen Magic-Ring anfertigen.
1. Rd: 6 fM in den Ring häkeln (= 6 M).
2. Rd: Jede fM verdoppeln (= 12 M).
3.-5. Rd: Jeweils 12 fM häkeln.
6. Rd: Jede 3. und 4. fM zusammen abmaschen (= 9 M).
7. Rd: Jede 2. und 3. fM zusammen abmaschen (= 6 M).
8. Rd: 4 fM, 2 fM zusammen abmaschen (= 5 M).
9. Rd: 3 fM, 2 fM zusammen abmaschen (= 4 M).
Faden abschneiden und durchziehen.

Fertigstellen

Die Flamme auf das Oberteil nähen. Ober- und Unterteil so an der Kapsel ankleben, dass der Verbindungssteg der Kapsel auf der Rückseite ist. Mit 4 Überwendlingsstichen Ober- und Unterteil über dem Steg zusammennähen. Die Perlen und Sterne aufnähen. Alle Fäden vernähen.

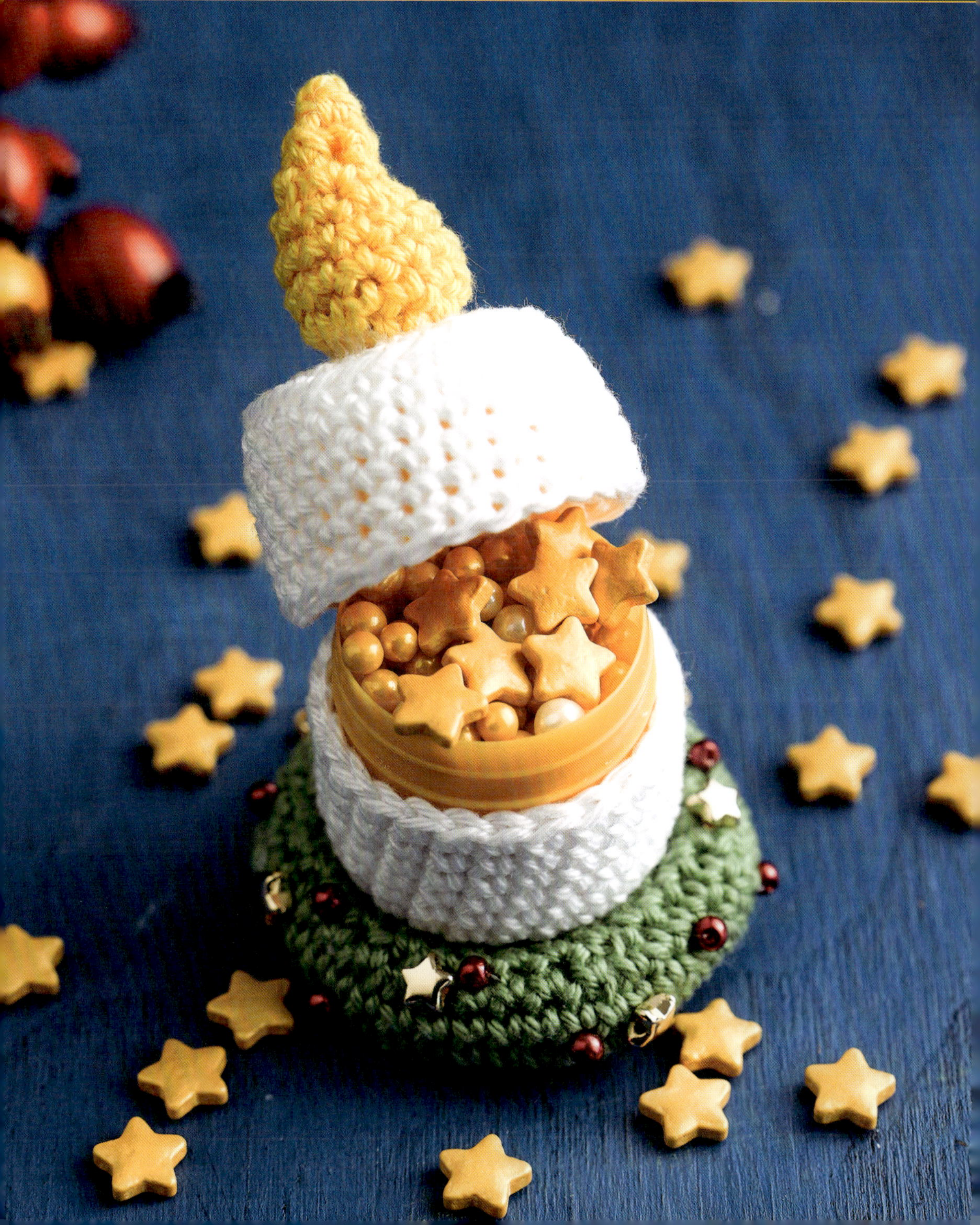

Runde Matrjoschka

warm eingepackt

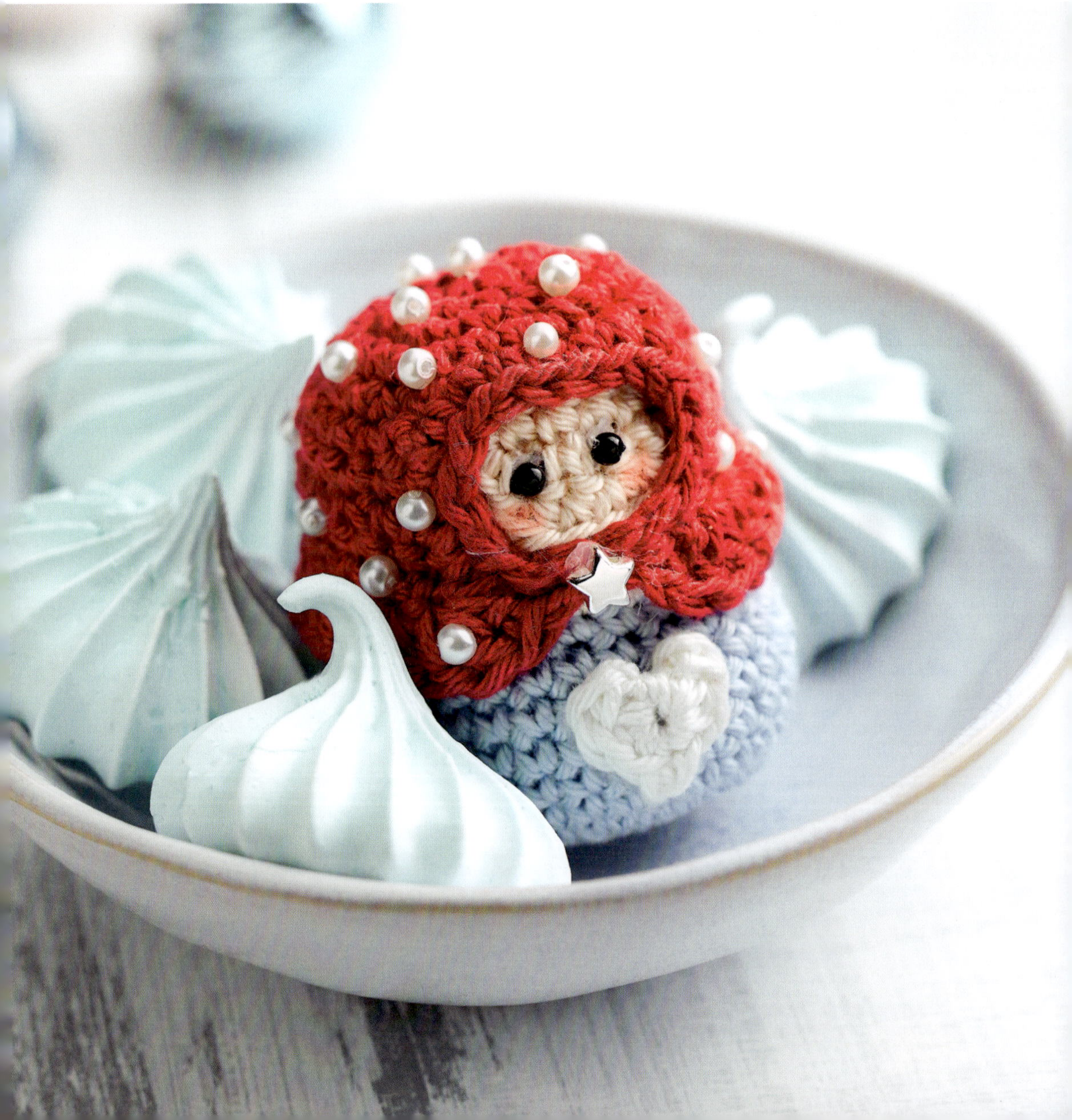

MATERIAL

- Schachenmayr Catania (LL 125 m/50 g) in Hellblau (Fb 173) und Cyclam (Fb 114), je 50 g, in Weiß (Fb 106) und Soft-Apricot (Fb 263), Reste
- Häkelnadel 3,0 mm
- 2 Perlen in Schwarz, ø 3 mm
- 22 Perlen in Weiß, ø 3 mm
- Stern in Silber, ø 6 mm
- Rouge
- Füllwatte, Rest
- Heißkleber

Anleitung

Alle Teile mit Ausnahme des Gesichts werden in Spiral-Rd gearbeitet.

Oberteil

In Cyclam einen Magic-Ring anfertigen.
1. Rd: 6 fM in den Ring häkeln (= 6 M).
2. Rd: Jede fM verdoppeln (= 12 M).
3. Rd: Jede 2. fM verdoppeln (= 18 M).
4. Rd: Jede 3. fM verdoppeln (= 24 M).
5. Rd: 21 fM häkeln. Die restlichen M bleiben unbehäkelt.
Weiter in R arb. Am Ende jeder R 1 Wende-Lm häkeln.
6. R: 2 fM zusammen abmaschen, 17 fM, 2 fM zusammen abmaschen (= 19 M).
7.-9. R: Jeweils 19 fM häkeln.
10. R: 1 fM verdoppeln, 17 fM, 1 fM verdoppeln, 3 Lm, mit 1 Km in die 1. M der R zur Rd schließen und das Oval für das Gesicht wie folgt umhäkeln: 6 fM in die Rdm, 3 fM in die unbehäkelten M der 4. Rd, 6 fM in die Rdm, 3 fM auf die Lm-Kette.
Faden abschneiden und durchziehen.
In der Km, mit der die 10. R zur Rd geschlossen wurde, neu anschlingen.
11. Rd: 3 Stb in 1 M, * 1 hstb, 2 hStb in 1 M, ab * noch 8x wdh, 3 Stb in 1 M.
Faden abschneiden und durchziehen.

Unterteil

In Hellblau einen Magic-Ring anfertigen.
1. Rd: 6 fM in den Ring häkeln (= 6 M).
2. Rd: Jede fM verdoppeln (= 12 M).
3. Rd: Jede 2. fM verdoppeln (= 18 M).
4. Rd: Jede 3. fM verdoppeln (= 24 M).
5. Rd: Jede 4. fM verdoppeln (= 30 M).
6.-10. Rd: Jeweils 30 fM häkeln.
11. Rd: Jede 4. und 5. fM zusammen abmaschen (= 24 M).
Faden abschneiden und durchziehen.
12. Rd (Weiß): 23 fM häkeln. Mit 1 Km schließen.
Faden abschneiden und durchziehen.

Gesicht

In Soft-Apricot 5 Lm anschl. Weiter in R arb. Am Ende jeder R 1 Wende-Lm häkeln.
1. R: 4 fM häkeln.
2. R: 1 fM verdoppeln, 2 fM, 1 fM verdoppeln (= 6 M).
3.+4. R: Jeweils 6 fM häkeln.
5. R: 2 fM zusammen abmaschen, 2 fM, 2 fM zusammen abmaschen (= 4 M).
Faden abschneiden, durchziehen und vernähen.

Herz

In Weiß einen Magic-Ring anfertigen.
1. Rd: 2 fM, 1 hStb, 1 Stb, 2 fM, 1 Km, 2 fM, 1 Stb, 1 hStb, 2 fM, 1 Lm in den Ring häkeln. Mit 1 Km in die 1. fM schließen (= 14 M).

Fertigstellen

Das Gesicht in der vorderen Mitte des Oberteils am unteren Rand des Ovals festkleben. Die schwarzen Perlen als Augen, die weißen Perlen und den Stern auf dem Oberteil festnähen. Die Seitenwände des Unterteils mit Füllwatte leicht ausstopfen. Das Oberteil über das Gesicht ziehen und punktuell an der Kapsel ankleben. Rouge mit einem Wattestäbchen auf die Wangen auftupfen. Das Herz auf dem Unterteil annähen. Das Unterteil so an der Kapsel ankleben, dass der Verbindungssteg der Kapsel auf der Rückseite ist, dabei darauf achten, dass die Füllwatte gleichmäßig verteilt bleibt. Mit 4 Überwendlingsstichen Ober- und Unterteil über dem Steg zusammennähen. Alle Fäden vernähen.

Dicker Schneemann

mit Karotten-Nase

MATERIAL

- Schachenmayr Catania (LL 125 m/50 g) in Weiß (Fb 106) und Stein (Fb 242), je 50 g, in Signalrot (Fb 115) und Orange (Fb 281), Reste
- Häkelnadel 3,0 mm
- 4 Perlen in Schwarz, ø 4 mm
- Füllwatte, Rest
- Heißkleber

Anleitung

Alle Teile werden in Spiral-Rd gearbeitet.

Oberteil

In Weiß einen Magic-Ring anfertigen.
1. Rd: 6 fM in den Ring häkeln (= 6 M).
2. Rd: Jede fM verdoppeln (= 12 M).
3. Rd: Jede 2. fM verdoppeln (= 18 M).
4. Rd: Jede 3. fM verdoppeln (= 24 M).
5.-8. Rd: Jeweils 24 fM häkeln.
9. Rd: 23 fM häkeln. Mit 1 Km schließen.
Faden abschneiden und durchziehen.

Unterteil

In Weiß einen Magic-Ring anfertigen.
1. Rd: 6 fM in den Ring häkeln (= 6 M).
2. Rd: Jede fM verdoppeln (= 12 M).
3. Rd: Jede 2. fM verdoppeln (= 18 M).
4. Rd: Jede 3. fM verdoppeln (= 24 M).
5. Rd: Jede 4. fM verdoppeln (= 30 M).
6.-11. Rd: Jeweils 30 fM häkeln.
12. Rd: Jede 4. und 5. fM zusammen abmaschen (= 24 M).
Faden abschneiden und durchziehen.

Nase

In Orange einen Magic-Ring anfertigen.
1. Rd: 6 hStb in den Ring häkeln (= 6 M).
Faden lang abschneiden und durchziehen.

Hut

In Stein einen Magic-Ring anfertigen.
1. Rd: 6 fM in den Ring häkeln (= 6 M).
2. Rd: Jede fM verdoppeln (= 12 M).
3. Rd: Jede 2. fM verdoppeln (= 18 M).
Nun die obere Wölbung des Huts häkeln:
4. Rd: 18 Relief-fM von hinten häkeln.
5.-7. Rd: 18 fM häkeln.
8. Rd: 2 Km, 6 Lm, 2 M überspringen, 7 Km, 6 Lm, 2 M überspringen, 5 Km.
Faden lang abschneiden und durchziehen.

Schal

In Signalrot 41 Lm anschl und ab der 2. Lm ab Nd 40 fM häkeln.

Fertigstellen

Hut und Nase zuerst feststecken und dann aufnähen. Die Perlen als Augen und Knöpfe aufnähen. Das Unterteil mit etwas Füllwatte leicht ausstopfen. Den Schal um das Unterteil legen und überlappend festnähen. Rundum mit etwas Kleber fixieren. Ober- und Unterteil so an der Kapsel ankleben, dass der Verbindungssteg der Kapsel auf der Rückseite ist. Mit 4 Überwendlingsstichen Ober- und Unterteil über dem Steg zusammennähen. Alle Fäden vernähen.

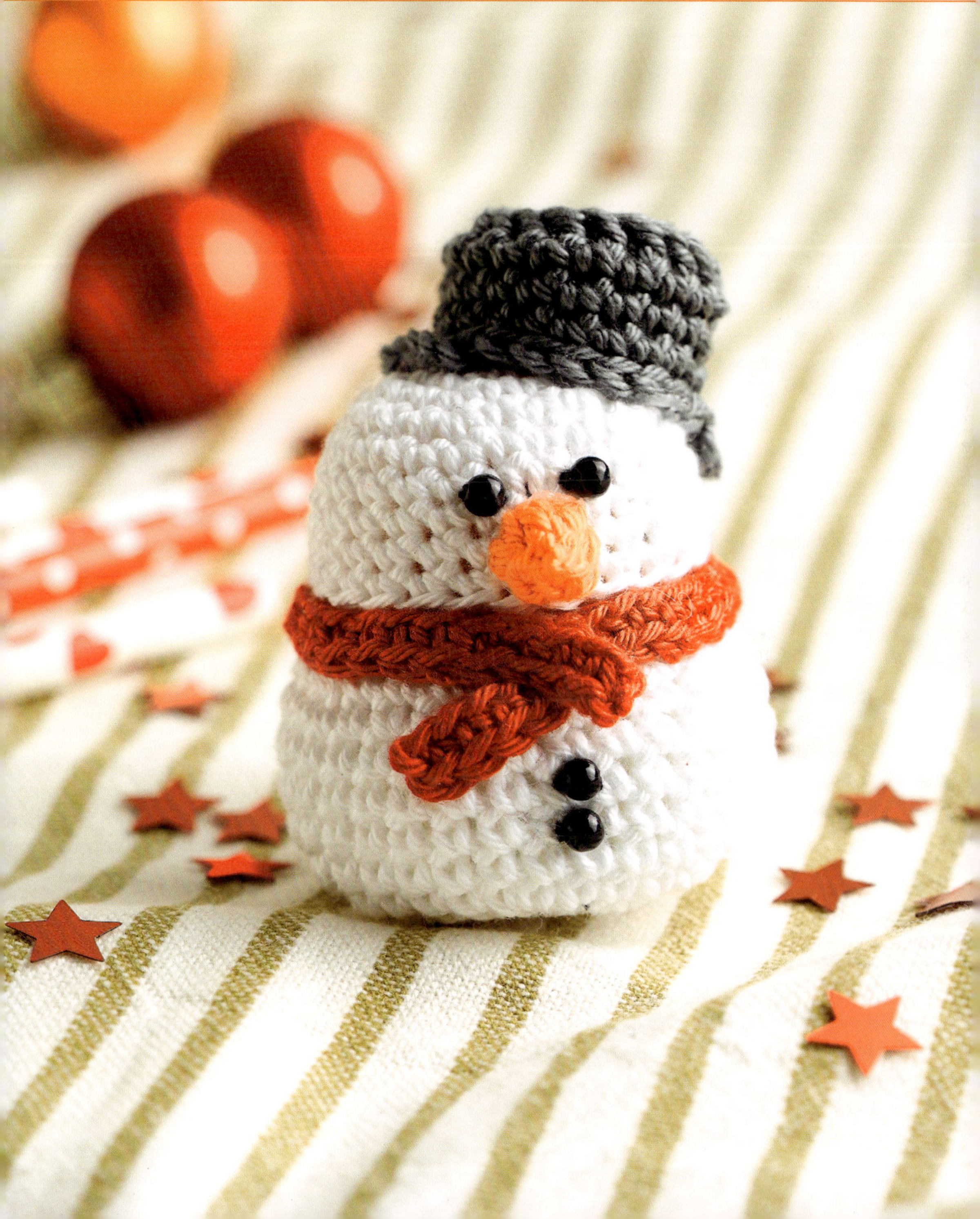

Romantische Schneeflocke

kündigt den Winter an

MATERIAL

- Schachenmayr Catania (LL 125 m/50 g) in Hellblau (Fb 173) und Weiß (Fb 106), je 50 g
- Woolly Hugs Beilaufgarn (LL 1000 m/25 g) in Silber (Fb 301), Rest
- Häkelnadel 3,0 mm
- Heißkleber

Anleitung

Alle Teile werden in Spiral-Rd gearbeitet.

Oberteil

In Hellblau einen Magic-Ring anfertigen.
1. Rd: 6 fM in den Ring häkeln (= 6 M).
2. Rd: Jede fM verdoppeln (= 12 M).
3. Rd: Jede 2. fM verdoppeln (= 18 M).
4. Rd: Jede 3. fM verdoppeln (= 24 M).
5.-8. Rd: Jeweils 24 fM häkeln.
9. Rd: 23 fM häkeln. Mit 1 Km schließen.
Faden abschneiden und durchziehen.

Unterteil

In Hellblau einen Magic-Ring anfertigen.
1. Rd: 6 fM in den Ring häkeln (= 6 M).
2. Rd: Jede fM verdoppeln (= 12 M).
3. Rd: Jede 2. fM verdoppeln (= 18 M).
4. Rd: Jede 3. fM verdoppeln (= 24 M).
5.-11. Rd: Jeweils 24 fM häkeln.
12. Rd: 23 fM häkeln. Mit 1 Km schließen.
Faden abschneiden und durchziehen.

Große Schneeflocke (2x)

Mit doppeltem Faden in Weiß und Silber einen Magic-Ring anfertigen.
1. Rd: In den Ring häkeln: 3 Lm, * 1 fM, 2 Lm, ab * noch 4x wdh, mit 1 Km in die 1. Lm zur Rd schließen (= 6 Bögen).
2. Rd: * In den nächsten Lm-Bogen 1 fM, 5 Lm, 1 fM häkeln, ab * noch 5x wdh (= 6 Bögen). Mit 1 Km schließen.
3. Rd: * Auf den nächsten Lm-Bogen 2 Km, (1 fM, 3 Lm, 1 Km in fM, 1 hStb, 3 Lm, 1 Km in hStb, 1 fM, 3 Lm, 1 Km in fM) in die nächste M, 2 Km. Ab * noch 5x wdh. Mit 1 Km in die 1. M der Rd schließen.
Faden abschneiden und durchziehen.
Die 2. große Flocke ebenso häkeln.

Kleine Schneeflocke (3x)

Mit doppeltem Faden in Weiß und Silber einen Magic-Ring anfertigen.
1. Rd: * 1 fM, 3 Lm, 2 Km auf die Lm, 1 fM in den Ring häkeln, ab * noch 5x wdh. Mit 1 Km schließen.
Faden abschneiden und durchziehen.
Weitere 2 kleine Flocken ebenso häkeln.

Fertigstellen

Die Schneeflocken zuerst feststecken und dann aufnähen: 1 große Flocke in der vorderen Mitte am Oberteil, knapp über der 9. Rd, die 2. große Flocke unterhalb des Stegs auf der Rückseite. 2 kleine Flocken am Unterteil zwischen den großen Flocken und 1 kleine Flocke auf den Deckel. Alle Fäden vernähen. Ober- und Unterteil so an der Kapsel ankleben, dass der Verbindungssteg der Kapsel auf der Rückseite ist. Mit 4 Überwendlingsstichen Ober- und Unterteil über dem Steg zusammennähen.

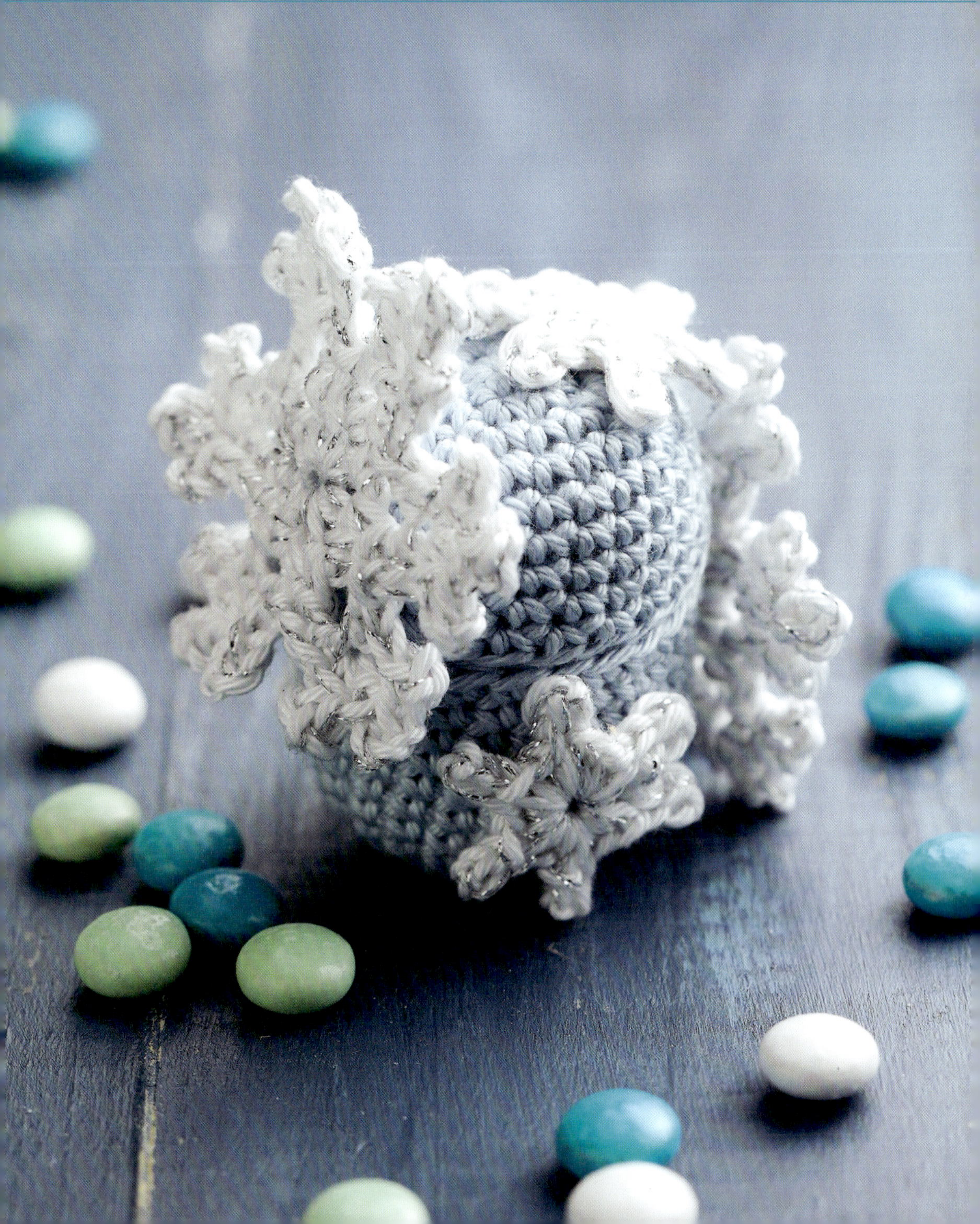

Weihnachtlicher Cupcake

mit Streuseln und Sahne-Topping

MATERIAL

- Schachenmayr Catania (LL 125 m/50 g) in Signalrot (Fb 115) und Kaffee (Fb 162), je 50 g, in Weiß (Fb 106) und Maigrün (Fb 389), Reste
- Häkelnadel 3,0 mm
- 3 Perlen in Rot, ø 4 mm
- 13 Perlen in Weiß, ø 2 mm
- Heißkleber

Anleitung

Alle Teile werden in Spiral-Rd gearbeitet.

Oberteil

In Kaffee einen Magic-Ring anfertigen.
1. Rd: 6 fM in den Ring häkeln (= 6 M).
2. Rd: Jede fM verdoppeln (= 12 M).
3. Rd: Jede 2. fM verdoppeln (= 18 M).
4. Rd: Jede 3. fM verdoppeln (= 24 M).
5.-8. Rd: Jeweils 24 fM häkeln.
9. Rd: 23 fM häkeln. Mit 1 Km schließen.
Faden abschneiden und durchziehen.

Unterteil

In Signalrot einen Magic-Ring anfertigen.
1. Rd: 6 fM in den Ring häkeln (= 6 M).
2. Rd: Jede fM verdoppeln (= 12 M).
3. Rd: Jede 2. fM verdoppeln (= 18 M).
4. Rd: Jede 3. fM verdoppeln (= 24 M).
5. Rd: 24 Relief-fM von hinten häkeln.
6.-11. Rd: Jeweils 24 fM häkeln.
12. Rd: 23 fM häkeln. Mit 1 Km schließen.
13. Rd: In jede M 5 Relief-Stb von hinten häkeln.
Faden abschneiden und durchziehen.

Sahneklecks

In Weiß einen Magic-Ring anfertigen.
1. Rd: 6 fM in den Ring häkeln (= 6 M).
2. Rd: Jede fM verdoppeln (= 12 M).
3. Rd: * (1 Stb, 3 Lm, 1 Km in das Stb, 1 Stb) in 1 M, 1 fM, ab * noch 5x wdh.
Faden abschneiden und durchziehen.

Sahnetupfer

In Weiß einen Magic-Ring anfertigen.
1. Rd: 6 fM in den Ring häkeln (= 6 M).
2. Rd: Jede fM verdoppeln (= 12 M).
3.-5. Rd: Jeweils 12 fM häkeln.
6. Rd: Jede 3. und 4. fM zusammen abmaschen (= 9 M).
7. Rd: Jede 2. und 3. fM zusammen abmaschen (= 6 M).
8. Rd: 4 fM, 2 fM zusammen abmaschen (= 5 M).
9. Rd: 3 fM, 2 fM zusammen abmaschen (= 4 M).
Faden abschneiden und durchziehen.

Blatt (2x)

In Maigrün einen Magic-Ring anfertigen.
1. Rd: 1 fM, 1 hStb, 1 Stb, 1 DStb, 1 Lm, 1 Km in das DStb, 1 Stb, 1 hStb, 3 fM, in den Ring häkeln. Mit 1 Km in die 1. fM zur Rd schließen.
Faden abschneiden und durchziehen.
Das 2. Blatt ebenso häkeln.

Fertigstellen

Sahneklecks und Sahnetupfer auf das Oberteil nähen. Die Blätter um den Tupfer herum anordnen und aufnähen. Die weißen Perlen am Oberteil, die roten Perlen an den Blättern aufnähen. Ober- und Unterteil so an der Kapsel ankleben, dass der Verbindungssteg der Kapsel auf der Rückseite ist. Mit 4 Überwendlingsstichen Ober- und Unterteil über dem Steg zusammennähen. Die Rüschen am Unterteil ausformen. Alle Fäden vernähen.

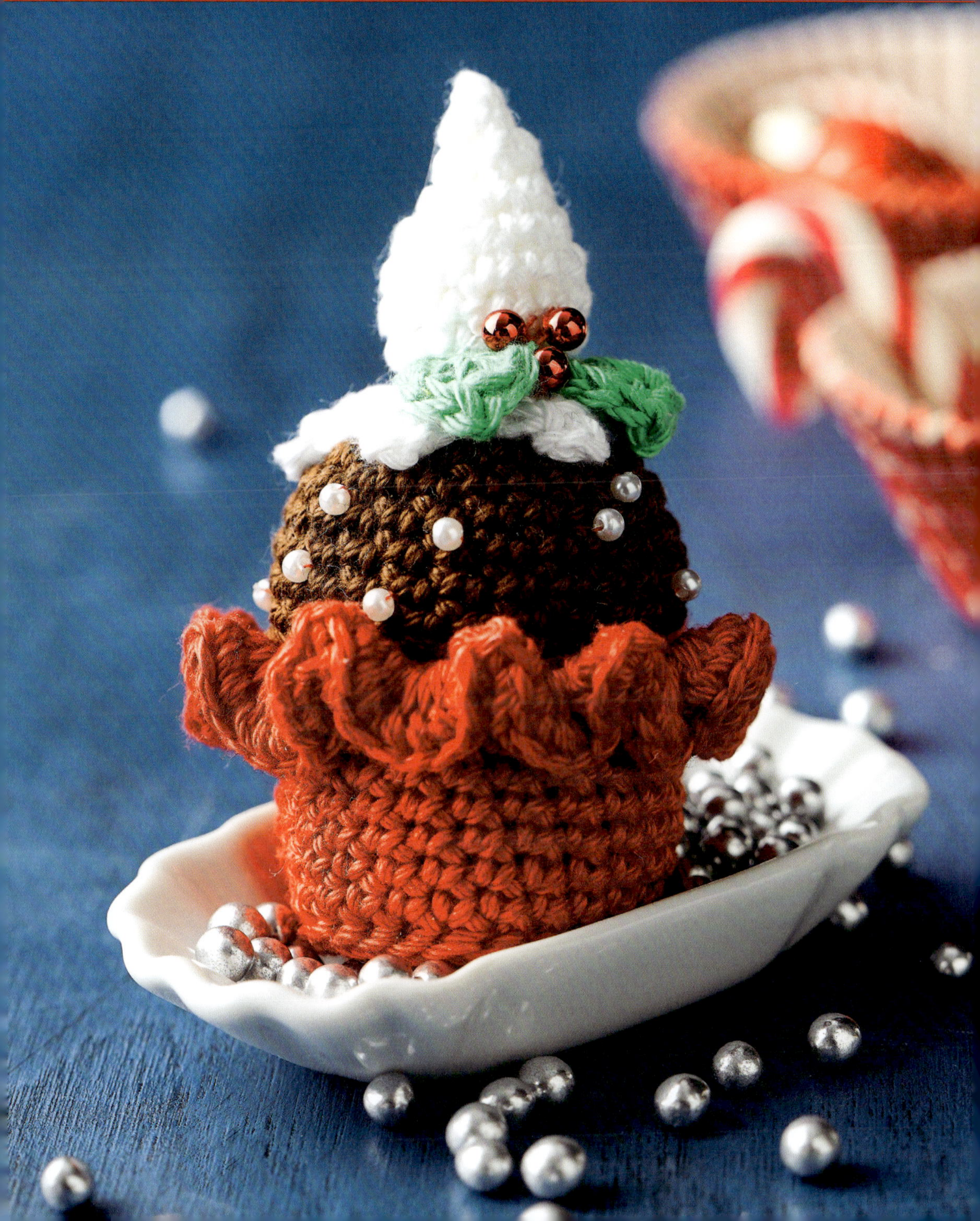

Heller Stern

hoch am Himmel

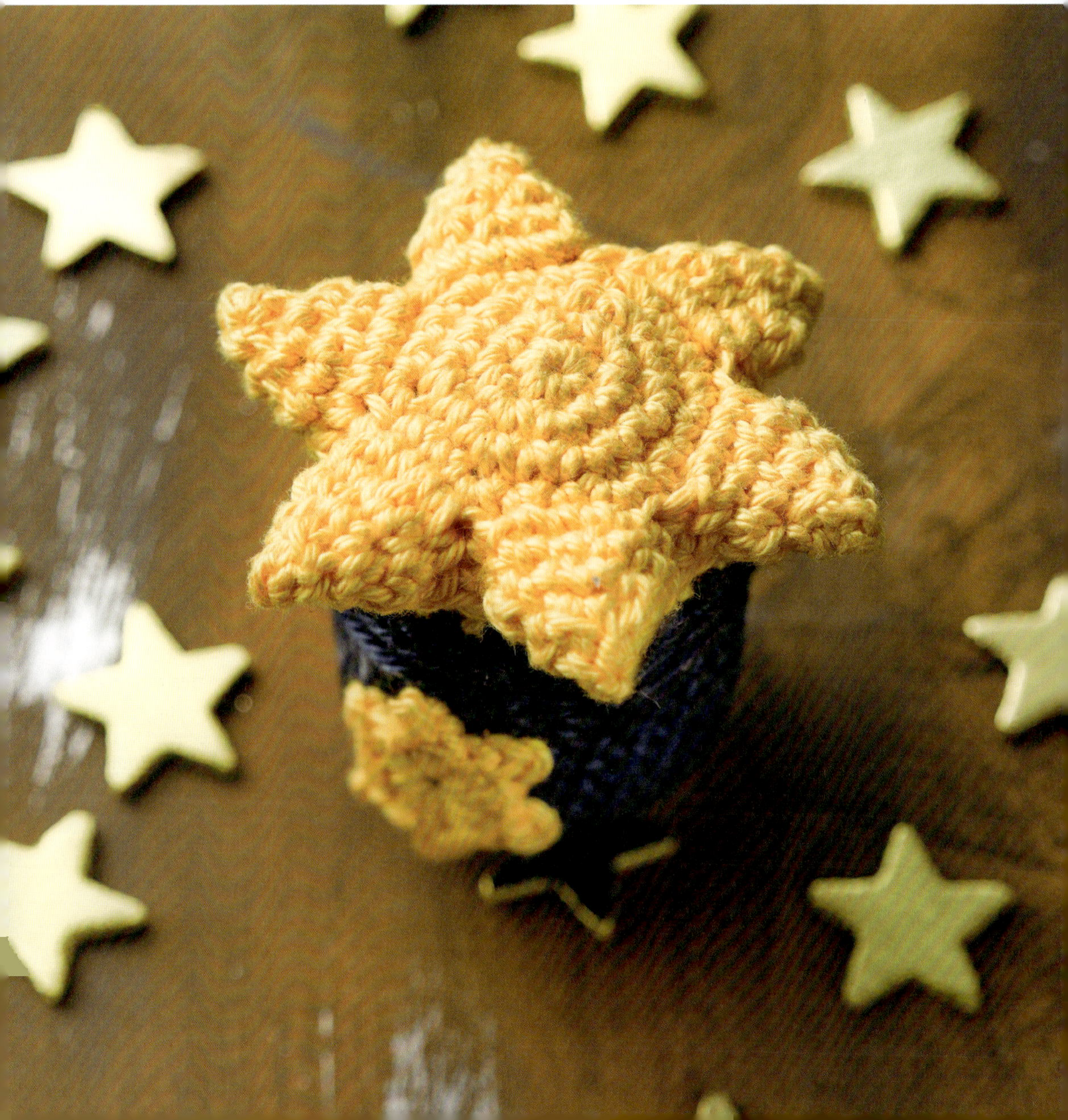

MATERIAL

- Schachenmayr Catania (LL 125 m/50 g) in Sonne (Fb 208) und Marine (Fb 124), je 50 g
- Häkelnadel 3,0 mm
- Heißkleber

Anleitung

Alle Teile mit Ausnahme des Oberteils werden in Spiral-Rd gearbeitet.

Unterteil

In Marine einen Magic-Ring anfertigen.
1. Rd: 6 fM in den Ring häkeln (= 6 M).
2. Rd: Jede fM verdoppeln (= 12 M).
3. Rd: Jede 2. fM verdoppeln (= 18 M).
4. Rd: Jede 3. fM verdoppeln (= 24 M).
5.-11. Rd: Jeweils 24 fM häkeln.
12. Rd: 23 fM häkeln. Mit 1 Km schließen.
Faden abschneiden und durchziehen.

Oberteil

In Sonne einen Magic-Ring anfertigen.
1. Rd: 6 fM in den Ring häkeln (= 6 M).
Weiter in geschlossenen Rd arb, dabei jede Rd mit 1 Steige-Lm beginnen und mit 1 Km in die Steige-Lm schließen.
2. Rd: Jede fM verdoppeln (= 12 M).
3. Rd: Jede 2. fM verdoppeln (= 18 M).
4. Rd: Jede 3. fM verdoppeln (= 24 M).
5. Rd: 24 fM in die hinteren M-Glieder häkeln.
6. Rd: 24 fM häkeln.
7. Rd: 24 fM in die hinteren M-Glieder häkeln.
8. Rd: 24 fM häkeln.
Faden abschneiden und durchziehen.
9. Rd (Marine): 24 fM häkeln.
10. Rd: 23 fM häkeln. Mit 1 Km schließen.
Faden abschneiden und durchziehen.

Sternspitzen (6x)

In Sonne in der 5. Rd des Oberteils im vorderen M-Glied der 1. M neu anschlingen. Nun die Spitze wie folgt in Spiral-Rd häkeln.
1. Rd: 4 fM in 4 vordere M-Glieder der 5. Rd arb, 2 Lm, weiter 4 fM in 4 vordere M-Glieder der 7. Rd (die parallel zu den ersten 4 M liegen) arb, 2 Lm (= 12 M).
2. Rd: Jede 3. und 4. fM zusammen abmaschen (= 9 M).
3. Rd: Jede 2. und 3. fM zusammen abmaschen (= 6 M).
4. Rd: Jeweils 2 fM zusammen abmaschen (= 3 M).
Faden abschneiden und durchziehen.
Weitere 5 Sternspitzen ebenso nebeneinander häkeln, dafür immer in 4 M der 5. und 4 M der 7. Rd häkeln.

Kleiner Stern

In Sonne einen Magic-Ring anfertigen.
1. Rd: 6 fM in den Ring häkeln (= 6 M).
2. Rd: * (1 fM, 1 Stb, 1 Lm, 1 Km in das Stb, 1 fM) in 1 M arb, ab * noch 5x wdh.
Faden abschneiden und durchziehen.

Fertigstellen

Die Lm zwischen zwei Sternspitzen mit Überwendlingsstichen zusammennähen. Die letzten 3 M der Sternspitzen mit einer Nd auffassen, Faden durchziehen und zu Spitzen fest zusammenziehen. Den kleinen Stern am Unterteil festnähen. Ober- und Unterteil so an der Kapsel ankleben, dass der Verbindungssteg der Kapsel auf der Rückseite ist. Mit 4 Überwendlingsstichen Ober- und Unterteil über dem Steg zusammennähen. Alle Fäden vernähen.

Schnelle Rakete

lässt Funken sprühen

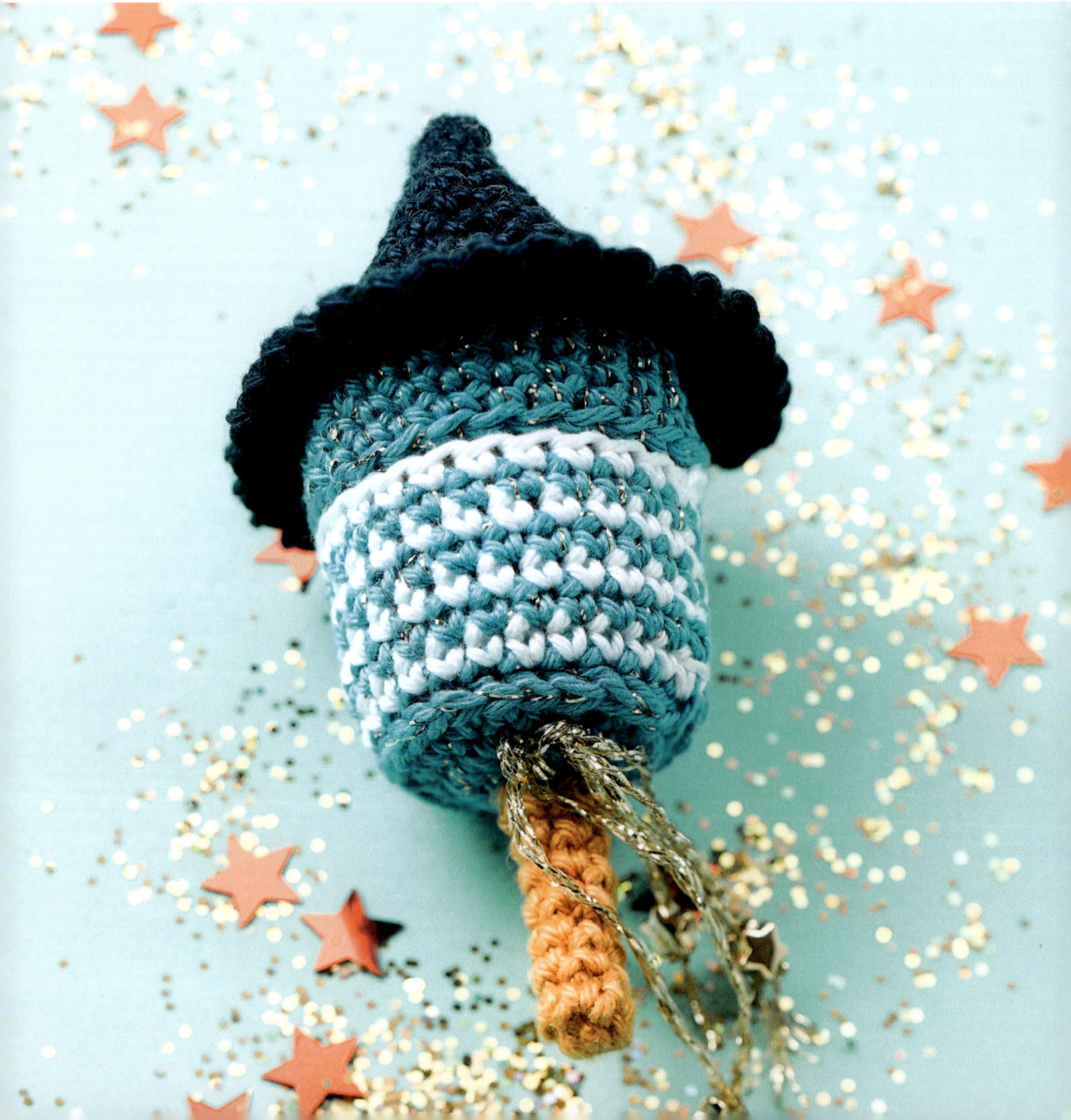

MATERIAL

- Schachenmayr Catania (LL 125 m/50 g) in Pfau (Fb 146), Natur (Fb 105) und Marine (Fb 124) je 50 g, in Zimt (Fb 383), Rest
- Woolly Hugs Beilaufgarn (LL 1000 m/25 g) in Gold (Fb 300), Rest
- Häkelnadel 3,0 mm
- 6 Sterne in Gold, ø 6 mm
- Heißkleber

Streifenfolge

Mit doppeltem Faden 1 Rd in Pfau und Gold und 1 Rd in Natur und Gold im Wechsel häkeln.

Anleitung

Alle Teile mit Ausnahme des Unterteils werden in Spiral-Rd gearbeitet.

Oberteil

Mit doppeltem Faden in Pfau und Gold einen Magic-Ring anfertigen.
1. Rd: 6 fM in den Ring häkeln (= 6 M).
2. Rd: Jede fM verdoppeln (= 12 M).
3. Rd: Jede 2. fM verdoppeln (= 18 M).
4. Rd: Jede 3. fM verdoppeln (= 24 M).
5.-8. Rd: Jeweils 24 fM häkeln.
9. Rd: 23 fM häkeln. Mit 1 Km schließen.
Faden abschneiden und durchziehen.

Unterteil

Mit doppeltem Faden in Pfau und Gold einen Magic-Ring anfertigen.
Weiter in geschlossenen Rd arb, damit exakte Streifen entstehen. Dafür jede Rd mit 1 Lm beginnen und mit 1 Km schließen.
1. Rd: 6 fM in den Ring häkeln (= 6 M).
2. Rd: Jede fM verdoppeln (= 12 M).
3. Rd: Jede 2. fM verdoppeln (= 18 M).
4. Rd: Jede 3. fM verdoppeln (= 24 M).
5. Rd: 24 Relief-fM von hinten häkeln.
Weiter in der Streifenfolge arb. Beim Fb-Wechsel den Faden innen hochziehen und die Lm am Rd-Beginn jeweils in der neuen Fb abmaschen.
6.-11. Rd: Jeweils 24 fM häkeln.
12. Rd: 23 fM häkeln. Mit 1 Km schließen.
Faden abschneiden und durchziehen.

Spitze

In Marine einen Magic-Ring anfertigen.
1. Rd: 4 fM in den Ring häkeln (= 4 M).
2. Rd: Jede 2. fM verdoppeln (= 6 M).
3. Rd: Jede 2. fM verdoppeln (= 9 M).
4. Rd: Jede 3. fM verdoppeln (= 12 M).
5. Rd: Jede 4. fM verdoppeln (= 15 M).
6. Rd: Jede 5. fM verdoppeln (= 18 M).
7. Rd: Jede 6. fM verdoppeln (= 21 M).
8. Rd: Jede 7. fM verdoppeln (= 24 M).
9. Rd: Jede 8. fM verdoppeln (= 27 M).
10. Rd: Jede 9. fM verdoppeln (= 30 M).
11. Rd: Jede 10. fM verdoppeln (= 33 M).
12. Rd: 33 fM häkeln.
13. Rd: * 1 fM, 1 Lm, ab * in jede M häkeln.
Faden abschneiden und durchziehen.

Stiel

In Zimt einen Magic-Ring anfertigen.
1. Rd: 6 fM in den Ring häkeln (6 M).
2.-7. Rd: Jeweils 6 fM häkeln.
Faden abschneiden und durchziehen.

Fertigstellen

Die Spitze am Oberteil und den Stiel am Unterteil ankleben. Ober- und Unterteil so an der Kapsel ankleben, dass der Verbindungssteg der Kapsel auf der Rückseite ist. Mit 4 Überwendlingsstichen Ober- und Unterteil über dem Steg zusammennähen. Alle Fäden vernähen.
Für die Funken aus Beilaufgarn in Gold 3 Stränge aus je 4 Fäden von je 50 cm Länge herstellen. Am einen Ende die 4 Fäden mit einem Doppelknoten verbinden. Auf 2 Fäden je 1 Stern auffädeln. Am anderen Ende ebenfalls einen Doppelknoten anbringen, dabei die Stränge unterschiedlich lang lassen und die Fäden hinter den Knoten kürzen. Neben dem Stiel am Unterteil anknüpfen.

Fröhlicher Schornsteinfeger

bringt Glück

MATERIAL

- Schachenmayr Catania (LL 125 m/50 g) in Schwarz (Fb 110) und Soft Apricot (Fb 263), je 50 g, in Signalrot (Fb 115) und Maigrün (Fb 389), Reste
- Woolly Hugs Beilaufgarn (LL 1000 m/ 25 g) in Gold (Fb 300), Rest
- Häkelnadel 3,0 mm
- 2 Perlen in Schwarz, ø 4 mm
- 6 Perlen in Gold, ø 4 mm
- Lidschatten in Schwarz
- Stickgarn in Schwarz
- Heißkleber

Anleitung

Alle Teile mit Ausnahme des Zylinders werden in Spiral-Rd gearbeitet.

Oberteil

In Soft Apricot einen Magic-Ring anfertigen.
1. Rd: 6 fM in den Ring häkeln (= 6 M).
2. Rd: Jede fM verdoppeln (= 12 M).
3. Rd: Jede 2. fM verdoppeln (= 18 M).
4. Rd: Jede 3. fM verdoppeln (= 24 M).
5.-8. Rd: Jeweils 24 fM häkeln.
9. Rd: 23 fM häkeln. Mit 1 Km schließen.
Faden abschneiden und durchziehen.

Unterteil

In Schwarz einen Magic-Ring anfertigen.
1. Rd: 6 fM in den Ring häkeln (= 6 M).
2. Rd: Jede fM verdoppeln (= 12 M).
3. Rd: Jede 2. fM verdoppeln (= 18 M).
4. Rd: Jede 3. fM verdoppeln (= 24 M).
5.-11. Rd: Jeweils 24 fM häkeln.
12. Rd: 23 fM häkeln. Mit 1 Km schließen.
Faden abschneiden und durchziehen.

Zylinder

In Schwarz einen Magic-Ring anfertigen.
1. Rd: 6 fM in den Ring häkeln. Mit 1 Km schließen (= 6 M).
Weiter in geschlossenen Rd arb. Jede Rd mit 1 Steige-Lm beginnen und 1 Km schließen.
2. Rd: Jede fM verdoppeln (= 12 M).
3. Rd: Jede 2. fM verdoppeln (= 18 M).
4. Rd: Jede 3. fM verdoppeln (= 24 M).
5. Rd: Jede 4. fM verdoppeln (= 30 M).
6. Rd: 30 Relief-fM von hinten (= 30 M).
7. Rd: Jede 9. und 10. fM zusammen abmaschen (= 27 M).
8.-10. Rd: Jeweils 27 fM häkeln.
11. Rd: Relief-fM von vorne häkeln, dabei jede 9. Relief-fM verdoppeln (= 30 M).
12. Rd: Weiter fM häkeln. Jede 5. fM verdoppeln (= 36 M).
13. Rd: Jede 6. fM verdoppeln (= 42 M).
Faden abschneiden und durchziehen.

Kleeblatt

In Maigrün einen Magic-Ring anfertigen.
1. Rd: * 5 Lm, 1 Km in den Ring häkeln, ab * noch 3x wdh (= 4 Lm-Bogen).
2. Rd: * (2 fM, 1 hStb, 1 Lm, 1 fM, 1 Lm, 1 hStb, 2 fM) in den Lm-Bogen häkeln, 1 Km in die Km der 1. Rd, ab * noch 3x wdh. Dann 5 Lm häkeln für den Stiel.
Faden abschneiden und durchziehen.

Fertigstellen

Den Zylinder auf das Oberteil und das Kleeblatt auf das Unterteil nähen. Die Perlen als Augen und Knöpfe aufnähen. Den Mund in Schwarz aufsticken. Für das Band des Zylinders bei der 10. Rd doppeltes Garn in Signalrot und Gold von innen nach außen führen und rundum 27 Km häkeln. Lidschatten mit einem Wattestäbchen auf die Wangen auftupfen. Ober- und Unterteil so an der Kapsel ankleben, dass der Verbindungssteg der Kapsel auf der Rückseite ist. Mit 4 Überwendlingsstichen Ober- und Unterteil über dem Steg zusammennähen. Alle Fäden vernähen.

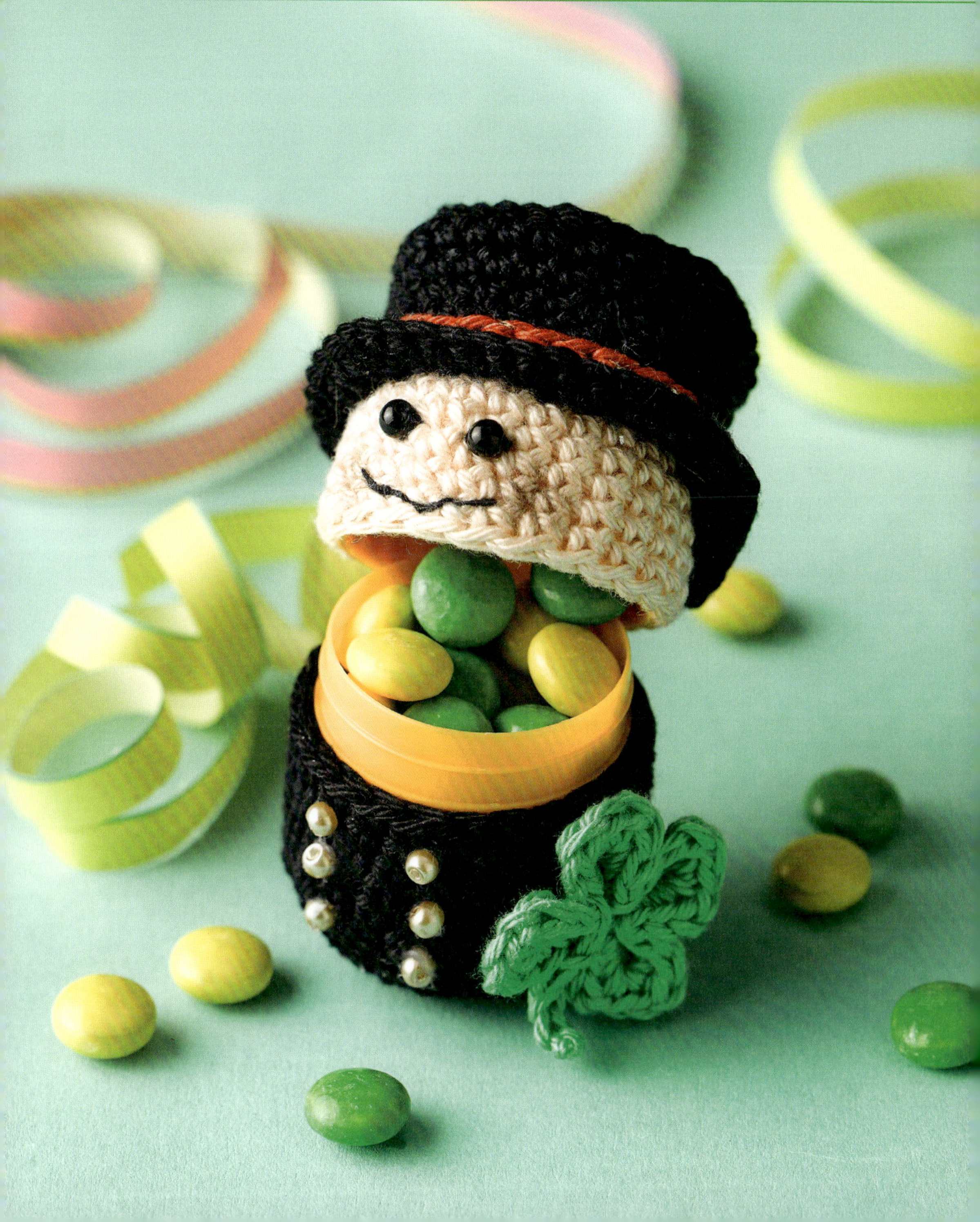

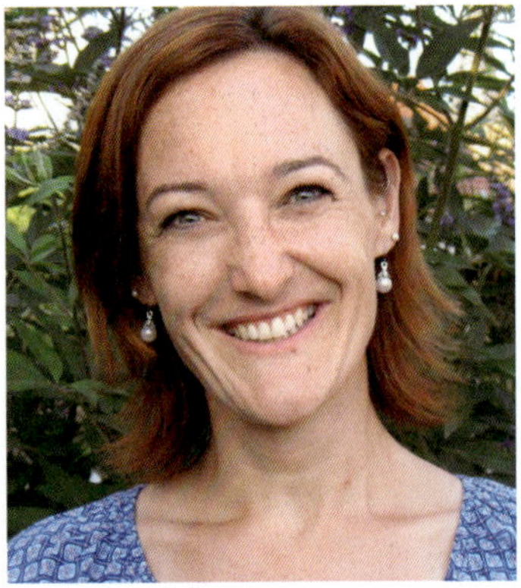

Melanie Czerny wurde im Neckar-Odenwald-Kreis geboren und lebt bis heute mit Mann, Kindern und Hund dort in einem kleinen Örtchen. Als Ausgleich zu ihrem Beruf interessierte sie sich schon immer für kreative Arbeiten aller Art. Ihre Leidenschaft fürs Häkeln hat sie entdeckt, als sie zuerst Mützen und dann Kuscheltiere nach den Wünschen ihrer Tochter gehäkelt hat. Mit viel Liebe zum Detail entwirft sie seit 2017 Anleitungen für den Frechverlag und kann so ihre Begeisterung für das Hobby Häkeln mit anderen teilen. Auf instagram findet man ihre Ideen rund ums Häkeln und Basteln unter @melrosie_kunterbunt

DANKE!

Wir danken der Firma MEZ GmbH für die Unterstützung bei diesem Buch:
www.schachenmayr.com
www.mezcrafts.com

MIX Aus verantwortungsvollen Quellen FSC® C023577

Penguin Random House Verlagsgruppe
FSC® N001967

TOPP – Unsere Servicegarantie

WIR SIND FÜR SIE DA! Bei Fragen zu unserem umfangreichen Programm oder Anregungen freuen wir uns über Ihren Anruf oder Ihre Post. Loben Sie uns, aber scheuen Sie sich auch nicht, Ihre Kritik mitzuteilen – sie hilft uns, ständig besser zu werden.

Bei Fragen zu einzelnen Materialien oder Techniken wenden Sie sich bitte an unseren Kreativservice, Frau Erika Noll.
mail@kreativ-service.info
Telefon 07 11/12 37 57 20

Das Produktmanagement erreichen Sie unter:
pm@frechverlag.de
oder:
frechverlag
Produktmanagement
Dieselstraße 5
70839 Gerlingen
Telefon 07 11/8 30 86 68

LERNEN SIE UNS BESSER KENNEN! Fragen Sie Ihren Hobbyfach- oder Buchhändler nach unserem kostenlosen Magazin **Meine kreative Welt**. Darin entdecken Sie dreimal im Jahr die neuesten Kreativtrends und interessantesten Buchneuheiten.

Oder besuchen Sie uns im Internet! Unter **www.topp-kreativ.de** können Sie sich über unser umfangreiches Buchprogramm informieren, unsere Autoren kennenlernen sowie aktuelle Highlights und neue Kreativtechniken entdecken, kurz – die ganze Welt der Kreativität.

Kreativ immer up to date sind Sie mit unserem monatlichen **Newsletter**. Für aktuelle Infos, Gratis-Anleitungen und Gewinnspiele gleich anmelden unter **www.TOPP-kreativ.de/Newsletter**

IMPRESSUM

FOTOS: frechverlag GmbH, 70839 Gerlingen; lichtpunkt, Michael Ruder, Stuttgart, Melanie Czerny (alle Arbeitsschritte)
PRODUKTMANAGEMENT: Claudia Mack
LEKTORAT: Petra Puster, Niederpöcking
GESTALTUNG: Petra Theilfarth
DRUCK: POLYGRAF PRINT SPOL. S R.O.

3. Auflage 2023

ISBN 978-3-7358-7055-1 • Best.-Nr. 27055